教えることの再発見

ガート・ビースタ［著］
上野正道［監訳］

東京大学出版会

The Rediscovery of Teaching
by Gert J. J. Biesta

First published 2017 in English by Routledge

Copyright © 2017 by Taylor and Francis
All rights reserved.

Authorised translation from the English language
edition published by Routledge, a member of the
Taylor and Francis Group LLC.
Japanese Translation published by arrangement of
the Taylor & Francis Group LLC, with University
of Tokyo Press.

Japanese Translation by Masamichi Ueno, *et al.*
University of Tokyo Press, 2018
ISBN978-4-13-051340-1

日本語版への序文

　本書がおそらく何よりも意図するのは応答である。それは，教えることと教師の仕事にわるい名前を与えてきたたくさんの展開に対する応答である。以前の著作で，私は過去20年ほどの間に，世界の多くの国の教育の中で生じたように思われる「学習／学ぶこと（learning）」への転換に焦点をあててきた。この転換において，教えることは古く時代遅れのものであるとみなされ——それらの議論で，「伝統的な教育」や「伝統的な教授／教えること（teaching）」という言い回しがたびたび用いられたことは興味深い——，学習が新しく興奮を呼び起こし，未来についてのものであると考えられている。したがって，いまでは，学習科学や学習センター，ラーニングカフェといったものがある。おそらく学習に反対するものは何もないけれども，生きることや教育には学習以上のものがあり，教えることはわるく，学ぶことはよいことであるという提案はあまりに単純化されたものである。このことが本書を執筆した一つの理由である。教育における学習についてのすべての会話にかかわらず，何百万もの子どもたちや若い人びとは，学校やカレッジ，大学に通っているのであり，そこでは教師は教育が起きるように懸命に仕事をしているのである。教師の仕事というのは現実の仕事である。このことが大切である理由は，教えることが単に伝統的であるとか，時代遅れであるとかいうのではなく，それ自体，本当に特別で，本当に重要な仕事であることを強調するためである。これが「教育に教授／教えることを取り戻す」という私の願いの背景にあるものである。

　しかし，本書はまた，教授を何よりもまず統制の行為として捉える，教授の保守的な観念と呼ぶものに対する応答でもある。教室にいたことがある人であれば，「統制」というのはけっして問題にはならない。もちろん，私たちは，社会の中で完全な無秩序を欲しているのではないのと同様に，教室の中で完全な無秩序を欲しているのでもない。現在進行中の挑戦は，ともに生

き，よりよくともに生きる形を見つけようとすることである。教育の無秩序の反対というのは，完全な統制のことではなく，むしろ人間との意味のある出会いのことである。教師は，生徒が統制のもとに置かれるべき「対象／客体（object）」ではなく，美しく，またときに複雑な生をもった個々人——主体（subject）——であるということを知っている。これは教育的な出会いが生じるところであり，教育的な出会いとは何であるかを示すものである。この点で，教えることは統制の問題でありうるし，またそうあるべきだと考えることは，役に立たず，危険でさえある空想である。したがって，教えることの再発見という課題は，そのような不可能な空想から教えることを再発見し回復しようとする試みでもある。

　だが，本書には第三の「考え方」もあり，そのことを強調しておくこともきっと有益であろう。というのも，読者はこの考えを「見つける」ことがないかもしれないし，またそれが私の見解の中でも本書のより大きな，そしてもっとも差し迫っている「問題」でもあるからである。簡単に言えば，本書のすべての章で示唆されるのは，私たちが人間として学習することができる生命体なのではなく——なぜなら，学習というのは私たちが動物や人工知能システムとも共有するものなので——，語りかけられ，話しかけられる存在であり，教えられ，教えることを受容することができる存在だということである。言い換えれば，私たちは，私たちの外部のものを絶えず理解しようとする，単なる意味形成の生命体なのではなく，おそらく人間存在のもっとも驚くべきことというのは，事柄（その言葉のもっとも広範な意味で）が私たちに到来することができることである。他の人間が私たちに話しかけ，語りかけることができ，私たちが触れることができるということ——比喩的にも文字どおりにも——，私たちが問題となり，世界の中に「呼び出される」のは，まさにこれらの出来事においてなのである。

　この提案は，仮説と呼んでもよいものだが，部分的には哲学的な問題として捉えることができる。それは，哲学者たちが何世紀もの間，人間について問い続けてきたという理由からだけではない。私にとって，この仮説は非常に現実的な問題でもある。なぜなら，この仮説の観点から生を生きることは

日本語版への序文

——この仮説とともに生を生きようと，いわば「心にとどめる」ということ
——，自らを世界のまったく異なるところに置くことになるからである。そ
の人は，世界が私たちに言おうとしていることや，世界が私たちから聞くこ
と，また世界が実際に絶えず私たちに与えようとするものに，さらに気を配
るようになる（ここでは，「世界」という語をもっとも広い意味で用いてお
り，社会的な世界，つまり私たちが他の人間と出会う世界と，自然的で物理
的な世界の両方を含んでいる）。私にとって，それは仮説を政治的な問題に
もする。というのも，世界の多くの（すべてではないが）場所で，私たちの
生を生きようとする方法／仕方への「欲望（desire）」が失われてきたから
であり，私たちに話しかけ，私たちを呼び出し，また私たちに与えもする他
者の語りは，私がしようと欲する私の自由を制限するものとして認識されて
きたからである。いくつかの事例において，それは真実であり，注意深く観
察することが重要であり続けている。けれども，他の事例では，これは実際
にあてはまらない。他者からの呼びかけは，私の自由を制限するものではな
く，私の自由を「問題」にしてくれる，まさにそのものであるかもしれない
のである。

　したがって，本書のより大きな願いは，この状況の中に多少のバランスを
もたらすことにある。私たちは「欲しいものを得る」側にあまりに寄りすぎ
ている一方で，私たちに到来する事柄からはあまりに遠くに離れてしまい，
私たちが欲するものを得ることを妨害する事柄からもあまりに離れすぎてし
まったと考えられる。これは，私が環境危機の根源的な原因と言うものでも
ある。私たちは長らく地球を自分たちが欲するものを得る資源と考えてきた
が，地球は長い間，私たちにそうしたことがもはや不可能であると伝えてき
たのである。私はまた，そのことを私たちが民主的な社会において出会う問
題の中でも捉えている。そこでは，人びとが欲するすべての事柄の中で，実
際に何が可能であり，何が望ましいのかを考えるような，ゆっくりと進む困
難な作業を経ることよりも，人びとが欲しいと言うもの——ポピュリスト政
治を定義するもの——を与えることに過度に焦点があてられる。このことは，
議論を教育へと連れ戻すことになる。私は，子ども，生徒，親に，彼らが欲

iii

するものを与えることを目的とするだけの教育制度から生じる問題についても考えている。それは，学校が社会の中で果たしうる重要で独特な場所を侵食する。その場所と空間というのは，私たちがゆっくりと速度を落とし，私たちに向けて到来し，語りかけ，話しかけようとし，教えようとするすべての事柄に気を配るようになるところである。教師は，すべてこのように話しかけるわけではないけれども，彼らがそこにいるのは，教えることが教室の中に入り込むことができるようなチームと場を提供するためなのである。

　本書の各章は，もちろん私の個人的な観察であり省察である。誰もが自分の好きな仕方でかかわる自由がある。私は，学習への転換と，「伝統的な教授」への批判とともに視界から消去されてきた事柄を見るのに，本書が役立つかもしれないということをただ期待するばかりである。

主体である生徒は，世界の中心を占めることなく，
世界の中に生きることができる。
フィリップ・メリュー（Meirieu 2007. p. 96）

教えることの再発見──目　次

日本語版への序文　i

邦訳凡例　x

謝　辞　xi

プロローグ　教えることの再発見の必要性 ———————— 1

1章　教育の課題とは何か ————————————— 11

主体は従属している（15）／代替不可能性という唯一性（18）／世界の破壊と自己の破壊との中間点（22）／「成長した」ということ，望まれること，望ましいこと（25）／教育の仕事——中断，停止，維持（27）／権力（関係）を権威（関係）へと転換すること——教えることの美しいリスク（32）／結語（33）

2章　教えることを学習から自由にする ——————— 35

教えることと学習の結びつき——教えること，生徒化，児童化（37）／学習の問題——教育の「学習化」（43）／学習者であること——政治学とアイデンティティ（46）／構成，受容，語りかけられること——実存可能性（50）／学習させることなく教えるということ——「概念を取り込む」（54）／結論（61）

3章　教えることの再発見 ————————————— 63

伝統的な教授の何が実際に間違っているのか（64）／エゴロジカルな世界観を克服する（68）／ロボット掃除機，学習環境，解釈学的な世界観について（70）／開けの開け——意味作用と意味について（74）／典礼，欲求，欲望（78）／第二の開け（80）／基準，コミュニケーション，意味作用の起源（82）／啓示，超越，倫理（84）／教えることの再発見（88）／結語（90）

viii

目　次

4章　無知な教師に惑わされないで ──────── 93

解放の問題としての教育（94）／解放の近代的論理とその矛盾（97）／パウロ・フレイレ，解放，被抑圧者の教育学（99）／フレイレの被抑圧者の教育学における教師の役割（102）／「革命的な指導者」としての教師（104）／ランシエール，ジャコト，そして無知な教師（107）／ランシエールの解放の教師（110）／解放，教育，教えること（113）／解放の教育の三つの観念──自由になること，真実，教えること（115）／構成主義者の熱狂──ランシエールの受容（116）／解放の教育における教えることの役割（119）／ランシエールを読むランシエール（121）／結論──無知な教師に惑わされないで（125）

5章　不可能なことを求める──不和としての教授 ──────── 127

「あるもの（what is）」と「ないもの（what is not）」の緊張関係における教育（130）／教育における時間（133）／コンピテンスを超えて教えること（138）／結論──見えるものを見るのではなく，見えないものを見る（145）

エピローグ　教育に教えることを取り戻す ──────── 147

訳者解説（上野正道）　153
参考文献　163
原著者紹介・訳者紹介　173
索　引　175

ix

邦訳凡例

1. 本書は，Gert J. J. Biesta, *The Rediscovery of Teaching*, New York / Milton Park, Abingdon, Oxon: Routledge, 2017 の全訳である。翻訳にあたり，「日本語版への序文」の執筆を依頼し，訳出して掲載した。
2. 傍点をつけた箇所は，著者が原文でイタリック体を使用している部分である。
3. 〔　　　〕をつけた箇所は，原文にはないが，補足のための説明として訳者が挿入した箇所である。
4. 著者が他の文献から引用している語句や文章を訳す際に，邦訳が出版されているものについては，部分的に参照したものの，本書の統一性を考慮して従来の邦訳に必ずしもしたがわず，全体をとおして訳し直すことにした。そのうえで，読者の便宜のために，「参考文献」に比較的入手しやすい訳書の書名等を記した。著者が引用した文献と邦訳書の原書の版が同じとは限らず，また著者がフランス語やドイツ語の文献の英訳を使用している場合もあるが，その際にも著者自身が用いた文献と，邦訳書の書名を掲載した。
5. 原書の中の引用箇所で省略されている箇所については，（中略）と記した。

謝　辞

　本書は，私がこれまでに『学習を超えて』（2006 年），『測定時代のよい教育』（2010 年），『教育という美しいリスク』（2014 年）からなる三部作として執筆してきたものの四冊目のモノグラフである。それらの著書を三部作と呼ぶのは多少のリスクがあるのと同様に──そう呼ぶと，ある種の完成を意味してしまう──，第四のタイトルをコレクションに加えることは多少のリスクと，ほんの少しの皮肉をともなっている。そこでの主要な問題というのは，これまでの著書ですでに述べてきたことに加えて，何か新しく言うことがあるかどうかということである。もちろん，この判断は完全に読者にゆだねられている。私が自身の防御のために言うことができる唯一のことは，学習の言語の批評（『学習を超えて』），教育におけるグローバルな測定産業の影響（『測定時代のよい教育』），そして教育を完全にリスクのないものとする欲望（『教育という美しいリスク』）は，教えることと教師の重要性に関する強固で明確な説明によって補われることが必要だと感じているということである。

　それには，この後に続く章で概説する重要な知的理由があるとともに，広範に論じられる重要な教育的理由もある。だが，これらすべてにかかわる事柄は，教えることと教師を問題に取り上げる重要な政治的理由があるということである。このことがとくにあてはまるのは，教師と教えることへの関心が失われたかのように思われる現代の教育政策の展開を考えるときである。この主張は，教師が教育プロセスの中でもっとも影響力のある要因であると繰り返し述べる多くの政策文書の観点から注目に値するかもしれない。しかし，この主張に問題があり，ある意味で好ましくないとさえ考えられるのは，教師を要因の状態に還元することであり，表面上は「重要」とされる，小さく細切れにされた測定可能な学習成果の教育的生産に関するデータ分析において現れる変数に還元することである。私の見解では，これは教えることと教師の重要性の問題ではまったくなく，より侮蔑的なものである。それは，

今日，教師の給与，キャリア，生計をそのような「要因」として遂行することができる範囲によって決める考え方にしたがう多くの教師が立証するであろうものである。

　私は，相応の時間を使って，本書に「保守的な考え方に対する進歩主義的な議論」という副題を加えるつもりで執筆に力を注いできた。その理由は，教えることと教師の問題は，教師を要因に還元することに対する応答だけでなく，教育の「学習化（learnification）」（Biesta 2010a）の動向に対する応答の必要性からも生じているという事実と関係している。それは，教師を，教育的状況へと至らせる何かをもっていたり，生徒に与える何かをもっていたりする者——たとえ与えられるものが迅速な質問や一瞬の躊躇であったとしても——とみなすよりも，学習のファシリテーターとして捉える動向である（Biesta 2012a）。学習への転換を，主に統制としての教授から離れる転換として見る人たちにとっては，教えることと教師に賛同するどのような議論もおそらく保守的な動きとして認識されるだけであろう。この後に続く章で示唆されるものの多くは，教えることが必ずしも保守的なわけではなく，子どもや生徒の自由を制限するわけでもないということを論じている。それはちょうど，「学習する自由」（Rogers 1969）が自動的あるいは必然的に解放的で進歩主義的なものでもないことと同様である。

　長年にわたって，私は自分の研究に対するポジティブな応答に励まされてきた。なかでも，私が提起した問題や，それらの問題を追究するのに使用した言語がそれぞれの教育的な試みにおいて重要な事柄をより正確な仕方で表現するのに有用だと考える人たちに励まされてきた。私は，自分の研究が大部分において理論的な性質をもつことを否定しないが，そのことが教育実践にとって重要でないことを意味するとは考えていない。それは，教育にとって言語が重要であると確信しているからだけでなく，教師の仕事を単純化して管理することに反対する試みの最善の方法は，教育それ自体の実践と実践化をより思慮深いものにすることにあると信じているからである。これは，教育について異なる思考をし続けることを要求する。それは，そのような異なる思考が教育実践においてどのような違いを生み出すかを見極めるためで

ある。したがって，本書で示される考えは，それについて思考するための考え——それゆえに同意したり，反対したりする考え——であるだけでなく，おそらくまず第一に，それとともに思考する考えであるということを意味している。

　私は本書の内容に唯一の責任をもっているが，ここで示唆される考えは，多くの交流，会話，議論，洞察の瞬間，私が教えてきたことや教えを受けてきた事柄の産物である。1章は，ノルウェーのベルゲンのNLAユニバーシティ・カレッジで，いまではかなりの年数になる同僚たちとの研究に起源をもっている。彼らの「教育学（pedagogikk）」に対する焦点と，教育と生の実存論的な次元への関心は，教育において何が本当に重要なのかを探究する肥沃な環境を提供し続けてくれた。私は，とくにポール・オットー・ブランスタッド，ソルベイ・ラインダル，ハーナー・セイベロットに感謝したい。彼らの編著の仕事で，1章で提示された考えの最初のバージョンが浮かんだ。それから，トーン・セイビーに，私の考えをノルウェー語に翻訳するという大変な仕事を寛大にもしてくれたことに感謝したい。2章の初出の原稿は，『哲学と教育研究』で編集長を務めた任期の最後に書かれたものである。国際的な教育哲学の学会の職に就くことは，激務ではあったがとても楽しいものであった。この学術誌は，現在では，有能なバーバラ・サイヤー–ベーコンに任されている。私はまた，2章で論じたクラスに参加した学生にも感謝の意を表したい。彼らが私に与えてくれたことに感謝するとともに，私たちに与えられた事柄に感謝する。

　3章の原稿の初出は，グオピン・ジャオの招待への応答として書かれたものである。彼女からいただいた機会と，彼女が私の研究に問い続ける鋭い質問に感謝したい。また，バネッサ・ド・オリベリアとウーター・ポルスに本章の話題についての思考を共有してくれたたくさんの会話に感謝したい。アレックス・ギリュルメは，4章で報告する解放の教育（emancipatory education）における教師の役割についての考えを発展させる機会を提供してくれた。この話題に関する思考は，『AERA　教えることの研究ハンドブック』でバーバラ・ステンゲルと一緒に行った研究から多大な恩恵を受けた。5章

は，カール・アンダース・セーヴストロムとの長年の共同研究，なかでも「教育へのマニフェスト」で行った研究にルーツがある。私は，長年にわたる多くの派生的な会話に感謝する。それらは深刻な問題にかかわるけれども，つねによい楽しみでもある。また，ハーナー・セイベロットとグレン-エジル・トーゲルセンに，教育の中で見失われているテーマについて紹介してくれたことを感謝したい。ヤヌシュ・コルチャックについてのヨープ・ベルディングの研究は，重要な着想を得る源であり続けている。

　私は，学術的な研究を研究として考えている。それは非常に特権的な仕事ではあるが，そこに人生のすべてがあるわけではない。このことを妻が思い出させてくれたこと，そして教育について彼女が教えてくれたすべてのことのために，彼女に感謝したい。そして，ブルネル大学ロンドンが私の人生とキャリアの困難な時期に職を与えてくれたこと，教育学科で同僚がくつろぎを感じさせてくれたことに感謝したい。これまでの三部作はパラダイム出版によって刊行されたものであり，ディーン・ビルケンカンプに長年の励ましと支援をいただいたことにとても感謝している。また，ラウトリッジのキャサリン・バーナードが現在のプロジェクトに与えてくれた自信と彼女の忍耐にも感謝したい。

　二つのおそらく「健全な警告」もしておきたい。第一に，本書は完全な本ではないということである。これは，私が完全というものを危険な野心であると考えているからだけでなく，教えることの進歩主義的な意味を探究する私の方法はなおも進行中の探究であり続けているからである。それにもかかわらず，私は自分が探究している場所と仕方が議論に何らかの有益な貢献をすると期待している。第二に，私はこの後に続く場所が高度に理論的で哲学的であることに気づいている。読者に奨励したいのは，それらが即座に意味を表すことがなかったとしても，それらの文章とともにあり続けることである。というのも，それらは私が本書で探究しようとする事柄の重要な層だからである。

　最後に，私は三部作に五冊目のタイトルを加えるという予想をすることはしないが，もちろん将来もたらされるものについて確実なことはけっしてな

謝　辞

い。しかし，私の見解では，カルテットはわるい業績でもない。

2016 年 12 月
エディンバラ

プロローグ 教えることの再発見の必要性

> 私は生涯をとおして「私たちのラディカルな伝統を守る」ように努力する，保守的な人間なのだ，こう告げることで生徒を驚かせることが私の楽しみである。
> ジョージ・カウンツ（Counts 1971, p. 164）

　私が本書で論じる重要な点は，教授／教えること（teaching）にかかわる事柄である。これ自体はさほど異論のある主張ではないかもしれない。そしてある種のサークルの中では，教師は教育のプロセスにおいてもっとも重要な「要因」であると論じることは，実際のところ，とても身近なことになってきているのである（OECD 2005; McKinsey & Co. 2007; Donaldson 2010; Department for Education 2010 を参照）。だが，それにもかかわらず，私たちは教師が単なる要因であるというようには進んで言及しないはずである。現実の課題は，教えることが問題なのかどうか，ということではなく，教えることがどのように問題とされるのか，そして教えることは何のために問題とされるのか，ということである。すでに複雑になっている議論は，これらの問いと関係している。なぜなら，近年，教えることや教師の役割や位置づけは，二つの異なる，しかしながらある意味では互いに補い合うような見解にさらされているからである。

　第一は，教育に対する学習／学ぶこと（learning）の言語と「論理（logic）」の興隆の影響にかかわるものである。たとえば，教えることや教師から注意をそらして，生徒や彼らの学習へと注意を向かわせる言語がある（Biesta 2006; 2010a を参照）。学習にかかわる言語と論理の興隆は，教師の役割を「壇上にいる賢人」から，「〔学習者の〕傍らにいる支援者」へと変えた。これは，この言葉が表すように学習の支援者のことであり，ある人によれば，教師を

「〔学習者の〕後ろにいる仲間」にさえ変えたものである。仲間の学習者としての教師という考え方や，学習者の共同体としての教室という考え方が魅力的で進歩主義的に聞こえるかもしれない一方で，そのような学習を中心とした教育の描き方は，教えることがどのようなものであるか，教師の仕事はどのようなものであるか，教えられることや，教師との出会いによって，生徒が何を得るのか，ということについて，助けとならないばかりか，究極的には誤解をさせるような説明を与えかねない。したがって，本書で提案する考え方は，学習の時代における教えることの回復（recovery）の試みであり，教えることと教師の意義と重要性を再発見する（rediscovery）試みである。

　しかしながら，教えることと教師の重要性を唱えることに問題がまったくないわけではない。ある主要な問題は，次のような事実に起因している。つまり，近年，教えることにかかわる問題は，より保守的な目的の領域から声高に生まれたのであり，そこでは，教えることは基本的には，統制の語によって捉えられ，教師の仕事を統制すること自体もまた主要な課題とされるのである（Priestley, Biesta & Robinson 2015; Kneyber & Evers 2015 を参照）。この議論のバージョンの一つは，小さく細切れにされ，あらかじめ決められた「学習成果」の生産や，よき市民や柔軟性のある生涯学習者といった，限られた特定可能なアイデンティティの確実な創出に向けた教育プロセスを操作することができる教師が，最善で，もっとも効果的な教師であるというものである。このような願いと関連して，一見「機能する」ように見えるもののエビデンスを示すことに焦点をあてた研究があるばかりではない（Smeyers & Depaepe 2006; Biesta 2007 を参照）。望まれる結果を生み出すことにおいて，最善の働きをするのはどのシステムかを指し示すことに躍起になっている「グローバルな教育測定産業」（Biesta 2015）もある。統制としての教育への要請や統制をする媒体としての教師への要請はまた，現代社会における権威の喪失への懸念や，教育がそうした権威（この権威には教師自らの権威も含まれる）を回復するための鍵となる道具であるということの示唆を通じて叫ばれるのである（たとえば，Meirieu 2007 を参照）。このような議論でしばしば（慣例的に）忘れられていることは，権威（authority）は基本的には関係的

プロローグ　教えることの再発見の必要性

な事柄であり（Bingham 2008 を参照），ある人が他の人に対して無理強いをするものではないということである。

　教えることを統制の行為として描いたり，教えることは統制にかかわる事柄であるべきだと示唆したりする，統制としての教授の考え方にある主要な問題というのは，そのような枠組みの中で，生徒は教師の意図や行為の客体として現れるにすぎず，彼ら自身の主体としては現れないということである。このことは，教育の権威主義的な形態に対するあらゆる批判の中で主な論争点であり続けてきた。このような批判は，まさに教育の「プロジェクト」を完全に捨て去ることを求めるに至った。たとえば，1960 年代後半にドイツで行われた反教育学（Antipädagogik）の運動がこれにあてはまる（von Braummühl 1975 を参照）。興味深いのは，ある意味で注目すべきことだが，こうした批判のターゲットが教師に廻りまわってきたことである。ここで想定されていることは，極端に言えば，教えることは生徒の自由を制限するものとしてしか理解されていないということである。それゆえに，生徒自身が主体として存在する可能性を妨げてしまうのである[1]。このことが，（文字どおり）教師をその立場から引きずり落とし，横滑りさせる試み（「壇上にいる賢人から〔学習者の〕傍らにいる支援者」へと引きずり落とす試み）や，生徒への教育，生徒の学習，生徒の意味形成，知識を能動的に構成することに再び焦点をあてる試みが——そのうちのいくつかは現代の教育思想や実践における主要な動向の名前になっているが——，一般的に解放的で進歩主義的な動きとして見られる理由である。

　こうした文脈や雰囲気においては，教えることと教師の重要性について賛成する試みはすべて，後退的なものとして，すなわちそのような議論に対して進歩主義的に貢献するのではなく，保守的にのみ貢献するものとして，受け止められているように思われる。しかし，このことは，ハンナ・アレントが主権としての自由（Arendt 1977 ［1961］, pp. 163-165）と適切に特徴づけたものの観点から，主体として存在することの意味を捉える場合にのみ成立する

1）4 章で，パウロ・フレイレの研究を含む，解放の教育の構想においてこのことが果たしてきた役割を論じる。

と考えることが重要である。その場合，自由になるためには，つまり自由な主体として存在するためには，手段はある人の外部にあるどのようなものにも，またどのような人にも影響を受けてはならないのである。だが，ここでの問いは，主体として存在することが意味するものは[2]，成功しそうな概念であるのかどうかということである。プロローグに続く章の主な方向性では，このことが事実とは異なると論じていく。つまり，主体として存在するということは，現実には，他なるものや他者との進行中の「対話の状態（state of dialogue）」[3]にあることであり，もっと言えば，この場合，主体であること（subject-ness）は，完全に構成されたものではなく，すなわち私たちの意図や欲望から構成されたものではなく，他なるものや他者への応答やかかわりの仕方と密接に結びついているものである。私たちに話しかけ，語りかけ，呼びかけるもの，したがって私たちを呼び覚ますものなのである。

　このような方向性で，私たちの主体としての存在／実存（existence）について考え始めるとき，教えることは新たな意義をもち始める。それは，何よりもまず外部から到来する「語りかけ」のためである。あるいは，次のように述べることもできるだろう。語りかけは，私たちを超越する（Biesta 2013a を参照）。それは，もはや私たちが主体として存在する可能性を自動的に制限したり，妨げたりするものではなく，まさしく私たちが主体として存在する可能性を開くような「出来事」である。このことは，実際，本書の各章で扱われるもう一つの要点である。そこで私は，主体であることにとっての意義を念頭に置いて教えることを探究するつもりである。言い換えれば，その意義とは，私たちが主体として存在することの意義である。ここで私が示唆するのは，教えることが生徒の実存可能性（existential possibilities）を

---

2) プロローグに続く章で詳しく説明するように，私は，人間が主体であることに関する問いに実存論的な仕方でアプローチする。そのような問いは，存在の仕方や様相，したがって「主体として存在する」様式に関するものである。

3) 「対話の状態」という表現は，この時点では少し奇妙に聞こえるかもしれない。というのも，対話というのは「状態」であるというよりも，ダイナミックで発展的なものと考えられるからである。このような説明をするのは，対話は会話として理解されるべきではなく，存在「様式」として理解されるべきだということを強調するためである。この点については後で再び触れる。

プロローグ　教えることの再発見の必要性

開くことに関係するというものである。それは，教えることの中に，あるいは教えることをとおして，生徒が世界の中に，世界とともに主体として存在することを意味するものを探索することができるようになる可能性である。こうした議論の方向性によって，教えることは，統制，すなわち生徒を単に客体とみなすアプローチとは，まったく反対のものとして現れ始める。それは，たとえ生徒が主体としてできることを示すいかなるエビデンスがなくても，彼らを主体としてみなすアプローチである。

　本書で探究する考えが重要だと私が信じる理由は三つある。第一のものは，一般的に，教育の領域において，教えることがスペクトラムの中でもっとも保守的な一端として位置づけられるようになってきたという事実とかかわっている。教えることの反対側に位置づけられるのは，解放的で進歩主義的なものとされることもあれば，主体であることを支えたり，高めたりするものとされることもある。このようなスペクトラムは，現在進行中のカリキュラム中心主義から，子ども中心主義や生徒中心主義の教育への「旋回」を表している。こうした議論において著しく欠けているのは，第三の選択肢に関する考察である。それは，保守的であるか，解放的で進歩主義的であるかというスペクトラム上で，教えることをもっとも進歩主義的な一端に位置づけて，教育における解放への願いと（再び）関連づけることである。本書で私が提示しようとしているのは，このような第三の選択肢である。それは，今日では，通常，保守的な考えとしてみなされる事柄に対する一連の進歩主義的な議論である。私の願いは，教えることの進歩主義的な意義を再発見することだけではない。私が本書で示すのは，生徒の学習への着目，すなわち意味形成，構築，創造性，表現への着目——これらの概念は，しばしば統制としての教育とは反対の方法であると提示されるものだが——は，生徒が主体として存在することの可能性を高めることとあまり関係しないかもしれないということである。

　本書で示唆するように，主体として存在することは，他なるものや他者との「対話の状態」にあることを意味する。〔これが，本書で探究する考えが重要だとビースタが考える第二の理由である。〕それは，他なるものや他者

5

にさらされることでもあるし，他なるものや他者から語りかけられることでもある。また，他なるものや他者から教えられる状態にあるということでもある。そして，このような他なるものや他者との関係性が，私たちの存在や，私たちの存在についての欲望に対してもつ意味を考えてみることでもある。したがって，主体として存在するということは，私たちが望むものが望ましいものなのかどうかを問うことに関与することを意味する。つまり，私たち自身の人生にとって望ましいだけではなくて，すべての欲望を満たすには，限界をもっているこの地球上において，他者とともに生きようとする，そのような人生にとっても望ましいものかどうかを問うことである。主体として存在することの意味をこのように理解することは，現代の主要な動向とされるものとの緊張状態の中に置くことになる。そこでは，人間の主体としての自由は，圧倒的に選択の自由として理解されている。たとえば，選びたいものを選ぶ自由，したいことをする自由，手に入れたいものを手に入れる自由，なりたい状態になる自由，そして買いたいものを買う自由である。それゆえ，本書で試みる人間が主体であることへのアプローチが，現代社会の主要な潮流についてより広範な問いを設定する。そうした社会とは，ポール・ロバーツが「衝動的な社会」（Roberts 2014）と特徴づけた社会である。私の見解では，この社会観は正鵠を射ている。

　本書で提示する考えが重要であるかもしれない第三の理由は，人間や複数の人間についてのより哲学的な議論と関連している。けれども，本書における私の願いは，哲学として行うのではなく，教育研究として行う。それでもなお，プロローグに続く議論から引き出される哲学的な示唆を考えることに関心がもたれるかもしれない。それは，人間が主体であることは，学習し，理解し，意味を付与する力の中に位置づけられるのではなく，語りかけられ，話しかけられ，教えられる「能力」[4] の中に何よりもまず見出されるという

4）「能力」という語は，括弧書きとした。なぜなら，語りかけられ，話しかけられ，教えられることは，私たちから生起する現象ではなく，外部から私たちに到来するものだからである。このことは，私たちがこの「能力」をほとんど統制することができないことを意味している。

議論である。簡潔な公式にすると，人間は，学習することができる動物なのではなく，教えられ，教えることを受容することができる存在であるということである。

　本書は，次の各章から構成されている。1章「教育の課題とは何か」では，教育とは何のためにあるのか，という問いを立てている。もっと具体的には，教師が教育者として行うことは何のためにあるのか，と問うている。私が提示する答えは，教育者の課題は，他の人間を成長した存在（the grown-up existence）にすることである，というものである。あるいは，より正確な公式を述べるとすれば，他の人間に，世界の中に成長した仕方で存在したいという欲望を引き起こすことである。私は，教育を実存論的な問いに合わせることの意味を論じる。世界の中に存在することの意味や，世界の中に成長した仕方で存在することの意味について論じることにする。成長したということ（grown-up-ness）を，発達の軌道や教育の軌道による結果としてではなく，世界の中に，世界とともに存在する仕方として理解することを論じる。そこでは，私たちが望むものが本当に望むべきものであるのかどうか，という問いが生きた問いとなる。その問いは，私たちとともに持ち運び，私たちが出会うすべての状況において働く問いである。この問いに着目することを教師に求め，教育における権威の役割についての理解に対する示唆を探究する。

　教えることの再発見が，教育における学習の言語や論理のインパクトに対する応答であるとすれば，鍵となる問いは，教えることと学ぶことの関係をどのように理解すべきか，ということである。2章「教えることを学習から自由にする」では，学習は，人間がもつ実存可能性の一つにすぎないということを示す。さらに，教えることは，生徒が成長した主体であることを目指すのであれば，実際に生徒が世界の中に，世界とともに存在する異なる可能性を開く試みであるべきだということを示す。これは，学習の観点から捉えるのとは異なる実存可能性である。教えることと学ぶこととの関係性の研究に加えて，2章では私が大学院で教えた授業について論じる。この授業では，私は学生に学習を控えるように，つまり意味形成や理解を控えるように求め

た。この授業では，教育は学習をともなわなくても充分に進めることができるということを示しただけではなく，学習を括弧で括り，理解を求める欲望を括弧で括るとき，世界は私たちに話しかけ始め，語りかけ始め，教え始めることができるということを明らかにしたのである。

3章「教えることの再発見」は，解釈や意味形成が世界の中に，世界とともにある仕方の中心であるのかを問うことによって，2章の趣旨を引き継いでいる。3章はエマニュエル・レヴィナスの仕事から得られた洞察についての注意深い読解から組み立てられている。とりわけ，意味形成，レヴィナスの用語では，意味作用のテーマを扱うことを手がかりとしている。人間は，基本的に「意味形成をする動物」（これは私による造語）であるという考え方がある。この観念については，知的な適応システムの範例であるロボット掃除機についての議論をとおして詳細に探究する。こうした考え方に対して，レヴィナスが提示するのは，他者との出会いよりも前には意味形成はなされず，意味形成は他者との出会いの結果としてのみ生じるという考えである。もっと正確に言えば，他なる（人間）存在によって語りかけられた「経験」の結果として意味形成はなされるのである。この章で私は，レヴィナスの議論の詳細を論じるだけでなく，主体であることと自由とをレヴィナスがどのように関連づけているのかに注意を払っている。そこで，レヴィナスの思想は，人間の自由を「意味作用の自由」として理解する考えとは異なることを示す。レヴィナスは，より「困難な自由」についてほのめかしている。それは，行いうることだけをする自由として記述されるものである。

世界の中に，世界とともにある主体としての成長した存在が，正確には，なぜ私たちの主権の問題ではなく，また意味作用の自由の問題でもないのかという議論を3章が形成するとすれば，生徒の自由を目指す教育や解放を目指す教育は，生徒からすべての影響を遠ざけるような教育として理解されるべきではないと考えることができるようになる。このことは，解放の教育における教師の役割についての問いを提供する。これが4章「無知な教師に惑わされないで」につながっている。4章では，解放の教育における三つの異なる概念を比較している。ネオマルクス主義の批判的教育学（critical peda-

プロローグ　教えることの再発見の必要性

gogy), パウロ・フレイレの研究，ジャック・ランシエールが著作『無知な教師』で提示した考えである。私は，フレイレとランシエールが，批判的教育学の中に潜む権威主義的な側面にどのように応答しているのかを示す。だが，フレイレがこの問題を教師の中に位置づけているのに対し，ランシエールはそれを知識の役割の中に位置づけている。したがって，フレイレとは異なり，ランシエールは，教師と教えることがなぜ解放の教育の中で重視され続けるのかを示すことができている。

　5章「不可能なことを求める――不和としての教授」では，この章のタイトルが教師の仕事にとって，もっと正確に言えば，教えることの行為の理解にとって，何を意味するのかを探究する。生徒が主体であることを目指して教えるということを，「構築すること」の問題として――生徒が主体として存在することを可能とするような知識，スキル，性向を獲得するのを支援することの問題として，すなわちエンパワメントの問題として――捉える考え方に対して，私はランシエールにしたがって，教えることが不和（dissensus）として作用する方法を探究する。不和というのは，一致の欠如ではなく，「共約不可能な要素（incommensurable element）」を既存の事柄の状態に導入することである。簡潔に言えば，それは主体としての生徒へのアプローチにかかわっている。このことは，たとえ――とくに――生徒ができることにかかわるすべての利用可能なエビデンスが反対の方向を指し示しているときでさえも，そうなのである。否定の形で述べるとすれば，不和としての教授は，コンピテンスのなさにかかわるいかなる主張を受け入れることも拒否することとして生じる。とりわけ，そのような主張が生徒から出てくる場合にあてはまる。肯定的に述べるとすれば，不和としての教授は，生徒が未来において存在する仕方に訴えることとして生じる。それは，教育者の視点からも生徒の視点からも先を見通せないものである。だが，生徒が主体として現れるかもしれない場を開くのは，一つの可能性として見通すことができないような「不可能なこと」（デリダ）に訴え言及することである。私は，これ以外のものはどのようなものも，すなわち可能であることや目に見えるものにもとづいて，そのためのエビデンスを用いて進めようとするだけの教育はどの

9

ようなものであっても，こうした未来を妨害するリスクを冒すことになると論じる。

　私は，短いエピローグで，本書から得られた主な洞察を要約するとともに，次のように論じることで結論づける。もし教えることが，生徒が成長した主体であることに関心をもつならば，それは生徒が自由になることができる場を創造することではなく――つまり，意味作用の自由や学習の自由を築くことではなく――，生徒が，彼らの自由と出会うことができ，成長した仕方で主体として世界の中に存在することを求める「呼びかけ」に出会うことができる実存可能性を創造することである，と。

1章 教育の課題とは何か

　この章では，簡潔で，ある意味ではとても基本的な問いを探究する。それは「教育の課題とは何か」という問いとして表現されるものである。この問いの表現は，観念的なものではないということを，私は意識している。とりわけ，「課題」という用語を問題とする場合には，なおのこと観念的なものではない。ゲルマン系の言語には，私が探究することを示してくれる，より正確な表現であったり，より興味深い言葉がある。ドイツ語には，Aufgabe と Auftrag という語がある。これはオランダ語の opgave と opdracht という語にとても近い意味がある。これらの語が示唆しているのは，なされる必要がある事柄，教師や教育者のような，ある特定の状況や立場に置かれたことに私たちが気づいたときに，行うべきことがあるということである。私たちが本章の中で出会う応答責任（responsibility）に関することと比べれば，遂行されなくてはならない課題や行われるべき仕事というのは少ないことしか含意しない。興味深いことに，実際，〔Aufgabe と opgave を構成している〕Gabe や gave という語は，贈り物（gift）を意味しており，Aufgabe と opgave は，いわば私たちに贈られる課題，職業にともなう課題，さらにはある立場にともなう応答責任を意味しているのである。Auftrag と opdracht は，それぞれ tragen と dragen という語を含んでいる。これらは，持ち運ぶということを意味しており，私たちに贈られる課題はまた，私たちから求められる課題でもあるということである。私たちは，この課題を持ち運ぶのである。したがって，教育の課題に関する問いをとおして私が表現しようとすることは，教育というのは，ただ私たちがそうあってほしいと望むような課題ではなく，ある贈られた課題，ある応答責任，ある義務をともなって到来する課題である，と述べることができるかもしれない。

　この章で私が提示する答えは，教育の課題が世界の中に，世界とともにあ

11

る他の人間を成長した存在にすることにある，というものである。より正確な公式で言えば，教育の課題は，他の人間に，世界の中に，世界とともに成長した仕方で存在すること，すなわち主体として存在することの欲望を引き起こすことである。この答えについては，さらなる探究が必要な二つの視点がある。第一に，「成長したということ」の考えについてであり，第二に，「存在／実存」という用語についてである。まずは，後者の「存在／実存」という用語から探究を始めよう。存在という用語を用いることは，人間がある仕方に焦点をあてることを意味する。これは，「人間がどのようにあるのか」を問うことであって，「誰なのか」を問うことではない。後者の「誰なのか」という問いがアイデンティティにかかわるものであるとすれば，前者の「どのようにあるのか」という問いは主体性（*subjectivity*）にかかわる問いである。わずかでも正確に述べるとすれば，前者の問いは，人間が主体であることや主体として存在する人間の「条件」に関する問いなのである。「私は誰なのか」という問いも，「私はどのようにあるのか」という問いも，そのどちらもが教育の文脈においては妥当な問いである。ただし，二つの問いはまったく異なる問いであり，一つにはしないことが重要である。それは概念のレベルにおいても，これらの概念を表現するレベルにおいても混同してはいけないのである。「アイデンティティ」と「主体であること」という概念は，まったく異なるものであり交換して用いることはできないのである。

　この後で詳しく論じるが，「成長したということ」の用語について——この語は明らかに少しぎこちない用語ではあるが——，発達段階として扱うつもりもなければ，発達の軌道の結果として扱うつもりもない。そうではなく，実存論的な用語，つまりある特定の「質（quality）」や存在する仕方といった用語を使って論じるつもりである。成長した仕方での存在を成長しない仕方から分けるものは，成長した仕方においては，他なるものが何であり，誰であるのかということについて多様性と統一性が認められるのである。他方で，成長しない仕方においては，こうしたことは「感知されないのである」。言い換えれば，成長した仕方で承認するということは，「世の中」という世界が文字どおり「世の中〔世界の中〕」を意味するのであって，私たちが作

り出した世界でもなければ，私たちが意のままにすることができる世界，つまり私たちが欲したり，想像することなら何でも行うことができる世界でもないのである。ここで「世界」という用語は，自然の世界にも，社会の世界にもあてはまるし，事物の世界にも，存在の世界にもあてはまるものである。具体的には，「世界」という用語は，私たちのこの地球を表しもするし，地球上のすべてのものを表しもする。さらには，この地球上で私たちが出会うすべての人間をも表すのである。それは，アルフォンソ・リンギス（Lingis 1994, p. 123）が示した，ある興味深い用語をともなえば，地球と地球上に住まう「地球人」を表すのである。世界の多様性と統一性を認めることは，この世界に存在する他なるものや他者に対する寛大さをともないつつも，自分たちの側からの行為としては理解することができないことを意味する。言い換えれば，世界が存在するかしないかということは，私が判断することではないのである。そうではなく，世界の多様性と統一性に対して，私の人生の中に場所を与えることを判断することである。もちろん，それは場所を与えないということでもある。

　教育の課題が世界の中に，世界とともにある他の人間を成長した存在にすることにあると示すには，どのような正当化が必要であろうか。絶対的な意味では，このことは正当化されない。その意味では，私が示すことには基盤がないのである。しかし，だからといって，それは意味がないということではない。とりわけ，教育の課題とは何かについての別の見方と比べた場合，意味のあるものだということが明らかになる。ここで光をあてようとしていることは，私たちが本当に存在することができるのは，この世界の中だけであるということである。というのも，私たちが自らを世界から退かせるならば，私たちは，私たちとともに，私たちのために存在するだけになるからである。それは，たとえ存在するとしても，かなり貧しく自己陶酔的な存在の仕方である。したがって，世界の中に，世界とともに存在することは，つねに私の存在と世界の存在との間の関係性についての問いを生じさせる。ここで，少なくとも始まりとして，世界の中に，世界とともに存在するための場を作ることなく，そこに存在するというのは，本当の意味で世界の中に存在

しているのではないと言うこともできるだろう。したがって，取り組むべき課題は，世界の中心や開始点，世界の基盤に自己を位置づけることなく，世界の中に存在することなのである。これは，まさにフィリップ・メリューが「主体である生徒」と特徴づけるものである。すなわち，世界の中心を占めることなく，世界の中に生きることができるものとして，自己を捉え世界の中に存在することである[1]（Meirieu 2007, p. 96 を参照）。

　しかし，おそらくより困難な問題は，このことをそれぞれの人が人生の中で理解すべきことではなく，なぜ教育の論点として考えるべきなのか，ということである。言い換えれば，人間にとって他の人間を成長した存在にすることが教育の課題になること，そしておそらく応答責任が生じ，義務ともなりうることを，なぜ考えることさえしなければならないのか，ということである。この問いについては，教育者は，他の人間を成長した存在にすることを，つねに行っているという事実に言及することによって答えることができる。つまり，この事実は，保護者であることを意味する鍵であるし，教師であることを意味する鍵でもある。また私が行おうとしていることは単純に，こうしたことが現代においてもつ意味を探究することである。他の人間を成長した存在にするという願いは，自由への関心，さらには他者の自由への関心を表明することであると言うことができるだろう。これは教育が関心を示すべきことの鍵でもある（Biesta & Säfström 2011, p. 54）。このことは，私たちが教育的な関心，したがって教育の課題をはっきりと表現する方法であると思う。けれども，このことがただちに教育の課題を正当化することにはならないと考える。結局のところ，解放への期待は，過剰なまでに別の権力を駆動させることにつながるからである（Spivak 1988 を参照; Biesta 2010b も参照。より広範な議論は Andreotti 2011 が行っている）。このことは，本書においても私たちが多くの主張をしすぎずに，注意深く議論を進めるべきだということを意味している。

　私は，教育の課題に関する省察を五つの比較的短いステップを踏むことで

---

1) この箇所はフランス語では，"Un élève-sujet est capable de vivre dans le monde sans occuper le centre du monde." と記述されている。

表そうとしている。それらはこれまでに出版し，詳細に論じた考えと部分的には関連しているのだが，本書では「存在／実存」や「成長したということ」の概念をもっと正確に論じていく。主体性あるいは主体であることの概念を扱い，主体として存在することが意味することをよりはっきりと述べるように試みる。私は次に，存在の問題は，つきつめていくと〔客観的な〕理論の問題ではなく，第一人称の問題であると論じることで，主体性に関する議論を推し進めていく。私は，理論の問題と第一人称の問題とを区別することを説明し，主体であることに関する問い，より詳しく述べれば，唯一性（uniqueness）という考えに関する問いにとって意味をもつことを示すつもりである。ここから私は，世界の中に存在することとはどのようなことなのか，という問いに関して議論を進めていく。私はこの問いについて，世界の中に存在しないことは何を意味するのかに光をあてることによって，答えを模索していく。こうした議論をとおして，世界の中の存在として，成長したことと成長していないことの違いを論じることができるようになるし，望まれることと，望ましいことの違いがなぜ重要であるのかということを論じる道が開かれるのである。第五の最後のステップとして，私は，世界の中に，世界とともにある他の人間を成長した存在にするのに貢献するかもしれない教育の「仕事」について省察する。そして，教育関係における権力や権威の役割を簡潔に省察し，このことが教えることと教師にとってもつ意味を述べることで本章を締めくくる。

主体は従属している

　私たちが問題としていることは，人間が主体であることであって，アイデンティティではないということを考慮するならば，最初に問われるべきなのは，主体であることは何を意味するのかということである。この問いについては二つの答え方がある。第一に，主体それ自体を考察し，主体とは何であるかを探り出すものである。あるいは第二に，主体から視点を転じて存在することが主体にとってもつ意味を探究するものである。ここで私は第二の答

15

え方に触れようと思う。この答え方は，サルトルによる「存在は本質に先立つ」という言葉から示唆を得ている。すなわち，私たちはまず存在しているのであり，存在のうちに私たち自身を「見出す」のである。そして，「私は誰なのか」という問いは，後から生じるのである[2]。だが一方で，主体とは何かという問いに答える試みは，必ずしも無意味なものではない。ある意味では，主体は，私たちの存在との関連でいうと，いつもあまりに遅れて到来する。主体を考察することは，人間の条件の特徴を明らかにするためには役立つかもしれないが，主体は人間の条件の基盤とはなりえないのである。もしハイデガーから示唆を得るとすれば，私たちは存在の考えを文字どおりに受け取ることができる。私たちはいつでも，主体の存在に関するある側面を理解し始めるのである。つまり，主体として存在することは，自己とともにあること——自己と同一であるということ——を意味するのではなく，むしろ自己の「外部」にあることであり，世界を志向して「外へ向かい」(ek-sist)，世界のうちに「投げ出される」ことなのである。

　主体の存在について，そして主体としての私たちの存在について強調する主な洞察は，私たちが主体であることは私たちの手のうちにはないということであり，そのようなものではまったくないということである。主体であることについての私たちの観点を理解するうえで役立つ人物は，ハンナ・アレントである。とりわけ彼女の行為（action）に関する考えである（アレントの著作においては，この行為という用語は，きわめて精密に定義される専門用語である）。アレントにとって，行為は活動的生（*vita activa*）（Arendt 1958）における三つの様相のうちの一つである。その行為は，何よりもまず創始することであり，何かを始めることである。人間がいつかは死すべき存在であることを強調する多くの哲学者とは異なり，アレントは死とは反対の方向性で思考を行っている。つまり，始まりや始める人としての人間の力を志向しているのである。アレントは，行為を出生の事実と比較している。と

---

2) 『実存主義とは人間主義である』の中で，サルトルは，「人はまず存在し，次に彼自身に出会う。そして世界の中に姿を現す。——その後で彼は誰なのか，ということを明らかにするのである」(Sartre 2007 [1946], p. 28) と述べている。

いうのも，それぞれの出生は「一人ひとりがまったく新しく」この世界に到来することだからである（Arendt 1958, p. 178）。だが，このことが生じるのは，出生を契機としてではない。私たちの「言葉や行い」をとおして，私たちは絶えず，新たな始まりをこの世界の中にもたらすのである。

　しかしながら，始まりは，行為が何であるかということの半分しか説明しない。なぜなら，私たちの始まりがどのような結末を迎えるのかということや，私たちの始まりが世界の中にどのように到来するのかということは（Biesta 2006 を参照），まったくもって他者が私たちの始まりを引き受けるのかどうか，引き受けるとしたらどのように引き受けるのかに依存するからである。さらに，この「引き受ける」ことは，可能な限り広い意味で理解される必要がある。というのも，そのように始まりに応答し，そのような始まりを繰り返し，そのような始まりを次の創始の手がかりとしなくてはならないからである。こうした理由から，アレントは「行為者」は著者でもなければ，制作者でもなく，世界の二重の意味における主体であると書いたのである。すなわち，主体とは，ある行為を始めた者であり，かつその行為の結果を受け取り，それに文字どおり従属する（subjected）者なのである（Arendt 1958, p. 184 を参照）。この議論の結末は，次のようなものである。すなわち，私たちが行為する「力」は——この力は厳密には，保持できるようなものではないのだが——，他者が私たちの始まりを引き受ける仕方に決定的に依存するのである。要約すれば，この意味で私たちが主体であることは私たちの手のうちにはないのである。サイモン・クリッチャリー（Critchley 1999, p. 63）が「主体は従属している（The subject *is* subject.）」と述べたように。

　私たちの創始を他者が引き受けることは，私たちの始まりを挫くけれども，「（自分たちの）行為の唯一の主人たりえない」ということは，私たちの始まりが現実のものとなり，世界の中に到来するためのほかならぬ唯一の条件であることを，アレントは繰り返し強調している（Arendt 1958, p. 244 を参照）。それゆえに，このことが，私たちが世界に到来し，私たちが主体として存在することができる唯一の条件なのである。このように考えると，私たちの始まりを他者がどのように引き受けるのかを統制する衝動に駆られるが，そう

するとすぐに，他者が行為する機会を奪い始めるという問題が生じる。すなわち，他者が主体として始まり，存在する機会を奪ってしまうのだ。私たちは，ある一人の人が行為し，主体となることができる世界——それ以外の人は皆，従うだけの世界——に後から到来することになり，したがって私たちは主体である人にとっての客体となるのである。アレントは，次のように結論づけている。行為は，孤立した状況では始めようがない，と。このことは，孤立した状況では，私たちはけっして主体として存在することができないことを意味している。アレントは，「孤立させられることは行為する力が奪われることである」(p. 188) とさえ論じている。このことは翻って，「複数性が人間の行為の条件である」(p. 8) という，簡潔だが，深みのある記述へと彼女を導いている。これはつまり，複数性という条件のもとでのみ，すべての人へ向けた行為——したがって，すべての人が主体であること——が可能となるのである。このことを実証的な言明ではなく，アレントの研究における規範的な言明の「核」として読むことが大切である。誰もが皆，行為し，主体として存在する機会があるような世界に明らかに関与するのである (Biesta 2010d も参照)。

代替不可能性という唯一性

　私たちが主体であることは私たちの手のうちにはなく，私たちの創始を他者がどのように引き受けるのかに依存するという考えに意味を与えるのに，アレントは手を貸してくれる。だが，その一方で，彼女のアプローチには二つの限界もある——二つの限界はある意味で相互に関連している。第一の限界は，アレントは人間が主体であることの理論を提供し，第三人称の観点ともいうべき視点から主体であることの問いにアプローチしていることである。アレントの洞察は，主体であることの問題を明らかにしてくれるけれども，主体であることの条件を，いわば「外部」から記述しているのであって，主体の存在それ自体の視点からは記述していないのである。この主体の存在それ自体を私たちは，第一人称の観点と表現する。アレントのアプローチの第

1章　教育の課題とは何か

二の限界は，人間が主体であることの条件について一般的な説明を与えてくれるが，一人ひとり異なる特徴をもつ人間の存在に関する説明を与えてはいないことである。概略すれば，アレントは，存在することが主体に対して有する意味を私たちが理解するのを助けてくれる。しかしながら，アレントは，個々の人間の主体が存在することがなぜ問題となるのか，この点に関する議論を与えてはくれないのである。おそらくこうした見立ては，抽象的に論じる限りでは，曖昧で奇妙な印象を与えるかもしれない。このことは，エマニュエル・レヴィナスが，人間が主体であることの問いにアプローチする仕方において議論していることである。そこでレヴィナスは，理論の形ではなく，第一人称の観点から主体であることについて「説明」している。ここで主体であることは，私が「理解」しなくてはならないものとして現れる。それは誰も私に理解させることができないものであり，私が誰に対しても理解させることができないものである。レヴィナスの説明において鍵となる語は「唯一性」である。

　だが，唯一性というのは奇妙な用語でもある。私たちが最初にしようと思うことは，唯一性を第三人称の観点から理解することである。すなわち，私たち一人ひとりの特徴や資質に関する問いが，私たち一人ひとりを他の誰からも異なるものとするのである。それは「差異としての唯一性」の考え方として表現されるだろう。これは，私たちをただちにアイデンティティやアイデンティティの形成に関する問いへと引き戻し，唯一性に対する外部からの視点に引き戻すだろう。こうした議論においては，抽象的な視点からのものにはなるが，一人ひとりの人間がある意味において，他の人間から明確に区別されるのである。レヴィナスの著作を読むと，彼は唯一性について別の仕方で問う必要性をほのめかしている。それは，「何が私を唯一のものとするのか」という問いではない。この問いは，私を他の人から区別する問いである。レヴィナスが示すのはこのような問いではなく，「私が私であることはどのようなときに問題となるのか」という問いである。この問いは，もっと正確に言えば，私を他者から分かつ，私が持っているもの，保有しているもののすべてを問うのではない。そうではなく，状況，つまり存在に関する出

19

来事を求めるものであり，そこで私の唯一性が「問題となる」のであり，それゆえに私が問題となるのである。レヴィナスの念頭にある状況とは，誰か他の人に対して呼びかけられるのではなく，私に対して呼びかけられる仕方で誰かが呼びかける，そのような状況である。これは，私が呼びかけられ，そして私だけが応答することができる状況である。言い換えれば，私が応答責任に出会う状況である。そのために，レヴィナスは，応答責任を「主体性にとって基本的であり，もっとも重要なものであり，基盤となる構造」（Levinas 1985, p. 95）であると示しているのである。

　アルフォンソ・リンギス（Lingis 1994）は，あなたに会うことを望む，死の淵にある友人の事例を紹介している。リンギスが論じるに，この事例においては，あなただけが語りかけられており，その友人は誰か他の人に会うことには関心がないのである。その人はただあなただけに会いたいのである。したがって，この問いは文字どおりあなたを選び出す問いである。そして，この問いはあなたに応答責任を負わせるものでもある。この応答責任を受け取るのか，それともそこから離れるのかは，あなたにかかっている。ジークムント・バウマンは，レヴィナスの洞察を要約している。レヴィナスにとって応答責任とは，「自己の最初の現実」である（Bauman 1993, p. 13）。バウマンは，ここで問題となることをかなりよくつかんでいる。出会いにおいてのみ，私にとっての応答責任が生じ，私の唯一性が重要となり始める。私の唯一性が「問題となる」のであり，私が問題となるのである。ここで，唯一性は差異の問題ではない。それは，第三人称の観点の問題ではなく，代替不可能性（irreplaceability）の問題であり，第一人称の観点の問題である。レヴィナスが提示するように，唯一性は「他の誰も私の代わりに行うことができないこと」（Levinas 1989, p. 202）である。私たちが出会う応答責任を私たちに負わせることができる人は，誰ひとりとしていない。この点において，レヴィナスが応答責任を義務として，つまり私たちが行わなくてはならないこととして記述しているのではないということが重要である。レヴィナスはまた，応答責任を生物学的な事実のうちに見出しているのでもない。それは，私たちが行いえないことでもないのである。それとは反対に，かなり奇妙な

表現にはなるが，次のように述べることができるだろう。人間の自由は，私たちがその中に自分自身を見出す応答責任から逃れることも意味する。そして，それは私たち一人ひとりの個人にかかっている。もし私たちが他の人間が主体であることを尊重し，私たちの意図や行為の客体としてではなく，彼ら自身の主体として出会うとすれば，私たちは他の人間の応答責任を代わりに負うことはできないし，ある特定の仕方で振る舞うように他の人間に強制することもできない（このことは教育にとって重要な示唆をもっている。この点については，後で再び触れる）。

　ここで述べる最後のことは，私の唯一性が問題となる応答責任は，つねに構造的に外部から到来するのであり，私によって引き起こされるのではないということである。それは，他者に対して責任を負っているとか，他者をケアしなくてはならないといった感覚や必要性から始まるのではない。したがって，応答責任というのは，私の唯一性が問題となり始めることに直面し，私がある一つの瞬間に自分の主体であることに気づいて応答するときに現れるのであり，それは私の「内在性」の中断として，すなわち私とともに，私のためにある私の存在の中断として現れるのである。レヴィナスは，人間が主体であることを「内在性の断絶そのもの」（Levinas 1989, p. 204）と記述することもある。すなわち，いささか「強く」はない言葉で，「〈同じもの〉——自らのまどろむアイデンティティ」が他者によって目覚めさせられる瞬間として記述している（p. 209; 強調は原文どおり）。

　アレントとレヴィナスはともに，私たちが主体であることが私たちの手のうちにはないことを示そうとしている。だが，アレントの説明が，私による創始から出発し，その実現のために他者が引き受ける仕方についてのものであるのに対し，レヴィナスは，主体であることが外部から始まる可能性を示し，そのときにだけ私にとって「問題」となり，私にとって唯一のものとなることを示している。ここで「問題」となるのは，私が応答責任に応答し，その瞬間に自分自身が主体であることに「気づく」のか，あるいは私はその応答責任から遠ざかるのか，ということである。アレントが私たちに対して，主体であることが私たちの手のうちにはないという理論を与えるとすれば

——それゆえに第三人称の観点を提供するならば——，レヴィナスは，現象
学に近いものを与えてくれる。それは，第一人称の観点から主体であること
の問いにかかわるものであり，そこでレヴィナスは主体であることがいかに
個々人の理解にとって究極的な問題であるかを説明するのである。すでに述
べたように，理論に主体であることを考えるのを助けてくれる一方で，実存
論的な問いの代わりとなることがけっしてできないのであり，実際，主体で
あることの問題に関与しないことの言い訳ともなるのである。

世界の破壊と自己の破壊との中間点

　ここまでの二つの節は，私たちが主体として存在することの意味について
いくつかの洞察を与えてくれたので，教育の課題に関する第二の命題に移ろ
うと思う。すなわち，教育にとって重要なことは，世界の中に，世界ととも
に成長した仕方で存在することであると示す課題である。すでに示したよう
に，成長したということは，他なるものや他者の多様性と統一性を認めなく
てはならない。このことが私の側からの寛大さとして理解されるべきでない
とすれば——とても横柄に聞こえるかもしれないが，そこでは私は世界が存
在することを「許す」のであるが——，私たちはそれをどのように理解した
らよいだろうか。一つの方法は，抵抗に出会うときに生じるだろうこと——
アレントの言葉を借りれば，私たちが創始すること——について議論するこ
とである。
　抵抗に出会うことは，誰かが，もしくは何かが私たちが創始することに抵
抗することである。それは，とてつもなく重要な経験であり，世界が私の精
神や欲望による構成物ではないことを示すものである。だが，世界は実際に
存在しているし，したがってそれ自体統一性を有してもいる。この意味で，
抵抗の経験は世界的に経験されることである——私たちが，どこかではなく，
ある場所に存在するような経験である。抵抗に出会ったとき，私たちは何を
するのか，あるいは何をするのだろうか。この問いに対して三つの選択肢を
考えてみよう。

22

1章　教育の課題とは何か

　私たちが何事かを創始して，それに対する抵抗と出会ったとき，最初に応
答するのは，私たちの創始を挫いたり，妨げたりするもの，あるいは少なく
とも私たちの創始を実行する能力を制限するものに直面して感じる苛立ちで
あるかもしれない。抵抗に出会ったときに，抵抗するものを「責めたてる」
かもしれないし，実行しようとする意図を強めるかもしれない――あるいは
私たちの意志を強めると言うこともできるだろう。これらは私たちが創始を
実現し，世界に到来するためになされなくてはならないことである。しかし，
世界に対する意志を強めすぎると，私たちの力が強くなりすぎてしまい，抵
抗を示す「当のもの」（の統一性）を破壊してしまう。物質的な世界との出
会いを想定するならば，私たちの意志や意図が強くなりすぎると，私たちが
欲しいものの形状や形式を圧力にさらして壊してしまうことになる。まさに
このとき，私たちは抵抗するものを破壊してしまうのである。したがって，
私たちは，抵抗との出会いのスペクトラムの一端において，世界の破壊とい
うリスクがあると言うことができる。

　ここから，スペクトラムの反対の一端にあるものについて考え始めるよう
になる。なぜなら，抵抗を経験すること，具体的にはこの試みの経験を挫く
ことに応答する第二の方法は，抵抗するものから身を引くことであり，そこ
から遠ざかることであるからである。抵抗の経験に直面したとき，その状況
はあまりに複雑で難解であるために，私たちはそうした抵抗に耐えうる活力
や意欲をもてなくなると言うこともできる。それゆえに，抵抗を示すものと
の出会いから身を引くのである――より平易な言葉で表現すれば，後ずさり
するのである。このようにすることは，抵抗するものが世界の中に存在する
場を残すことになるという意味で，充分な根拠をもつ。他方で，私たち自身
がいかなる世界とのかかわりからも完全に身を引き，究極的には世界（の中
に存在すること）からも完全に身を引いてしまうというリスクもある。した
がって，同様に，始まりの場所として世界の中に私たちが存在することを許
してくれる条件を手放したり，壊したりすることであるということもできよ
う。こうして抵抗との出会いにおけるスペクトラムの一端は，自己の破壊で
あるということにたどりつく。

23

世界の破壊と自己の破壊は，抵抗との出会い，世界との出会いに対する両極端の応答である。それは，世界の外部，つまり非存在の場で実際に終わるような応答を意味する。それゆえに，世界の破壊と自己の破壊は，存在——世界的に存在すること，すなわち世界の中に，世界とともに存在すること——が可能となり，文字どおり生じる中間点を示しもするのである。私たちは，この中間点を対話と表現することができるかもしれない。少なくとも，対話を会話として捉えるのではなく，存在様式として，すべての人がかかわることのできる正義が探究されるような，ともにある仕方で捉えることができるとすれば，そのように呼ぶことができるだろう。この意味で，対話は競争とは根本的に異なるものである。競争は，勝者と敗者をもたらすことを目的とする存在様式である。競争はまた，誰かが勝利した時点で終わってしまう。これに対して，対話はけっして終わることのない，どこまでも続く挑戦なのである。どこまでも続く，けっして終わらない「課題」であると言えるかもしれない。競争は活力を限定的に燃焼することを求める一方で，対話は継続し持続する活力，注意，関与を求めるのである。

　中間点にとどまることは，容易なことではないが，世界の破壊と自己の破壊の極端を理解することを助けてくれるし，世界の中に，世界とともに存在することの困難から逃れる道を示してもくれる。ときには，この難解な中間点から引き下がることもやはり必要となるだろう。一時引き下がることでおそらく私たちは，充電をしたり，対話の中で出会ったことに対する新たな観点を得たりするのである。また，対話の中ではよりよいことを「推し進めていく」ことも必要となる。このことは，中間点というものがどこにでも存在するような場ではないことも示している。だが，存在が可能となるのは，つきつめていくとこの中間点のみである。したがって，この中間点は，純粋な自己表現の場所ではなく，私たちの自己表現が制限されたり，中断されたり，応答されたりする場所なのである。これらはすべて，アレントが話題にした，試みを挫くような質であったり，レヴィナスが表現した，内在性の断絶をともなっている。こうした経験は，レヴィナスにしたがえば，世界の外部で，自分自身とともにあるだけのまどろみの状態から私たちを目覚めさせると言

24

うこともできるだろう。それは，「現実のために」私たちが世界の中に存在していることを教えてくれる。私が行うことが問題となり，私がいかにあるかということが問題となり，まさに私が問題となるのである。この中間点にとどまることは，私たちの存在を可能にする困難を認め，おそらくは甘受することをさえ求めるのである。さらには，この中間点にとどまるには，世界的に存在すること，つまり自己の外部に存在することを望まなくてはならない。そして，私が示したように，教育の課題は他の人間にこのような欲望を引き起こすことなのである。

「成長した」ということ，望まれること，望ましいこと

　この章の冒頭で，成長したということは，発達を遂げた結果ではなく，存在の質，あるいは存在することの質なのだと述べたが，そのことを考慮に入れるならば，世界の破壊と自己の破壊との中間点について，他なるものや他者とともに存在する成長した仕方が達成されるような場であると理解することは，そう難しいことではないだろう。成長したということを達成されることとして表現することで，私は，この章ですでに論じてきた，実存論的な考え方に再び光をあてる。このことは，成長したということが，所有したり，所有することを求めたりするものとしては理解されないことを意味する。成長したということは，もし私たちが所有し，私たちが行うすべてのことの中に浸透しているだろうことを意味するのであれば，望んで求めることができるものでもない。他なるものや他者とともに存在する成長した仕方に到達するかどうかということは，つねに問題となり，問われることなのである。結局のところ，私たちは新しい状況に出会うたびに，成長した仕方にかかわりそこねてしまうかもしれない。努力し続けることは大切なことであるけれども，もし自分自身とともにある状態から抜け出して存在することを望むならば，努力の結果を気にかけたり，私たち自身の行為や応答がもたらしたことに驚くことは（そして失望することは），けっしてできないのである。
　成長したということは，ある理想の用語ではない。それは，成長したとい

うことが，成長のプロセスを表現していたり，成長の結果を示していたりするからというのではない。成長したということは，他なるものや他者とともに行為し応答するのとは別の仕方，すなわち私が成長しないこととして特徴づけた仕方を克服した状態だからである。克服すべきは，私たちが幼さと呼ぶ，自我（エゴ）中心的，レヴィナスの用語を用いれば，自我の論理に従った，エゴロジカル（egological）3) な仕方である。それは，他なるものや他者の論理とは異なっている。エゴロジカルな存在の仕方は，自我の欲望から生み出されたものであり，世界の中に，世界とともにある自我の存在にとって，また自我が存在しようとする世界にとって，そのような欲望がどのように，そしてどの程度望ましいのか，を問うことはないのである。

　このことが意味するのは——重要なことだが——，成長したということが，欲望を抑制することではなく，私たち自身の人生と，他者とともに生きる人生にとって，私たちが望むものが望ましいものなのかどうかと問うことによって，私たちの欲望が点検された現実を受け入れるプロセスである。そのような問いは——教育にとっても重要なことであるが——，つねに私たちの欲望の中断をともなっている。中断は，部分的には抵抗の経験として現れる。そして抵抗に出会ったときに，私たちは世界と出会うだけではなく，それとまったく同時に，世界との関連において私たちの欲望と出会うのである。

　私たちが抵抗と出会うときに，世界は私たちに何かを告げようとしている。それは，おそらく世界が私たちに何かを教えようとしているとさえ言うことができるだろう。しかし，私たちが望むものが本当に望ましいものなのかどうか，と問いかけられることによってもまた中断は生じる。そしてもちろん，私たちは，この問いが私たち自身の問いとなる状況や，私たちの生において生きた問いとなる状況に達すると言えるだろう（このことが教育においていかに重要であるのかは後で論じる）。したがって，この願いは，私たちの欲望を根絶やしにすることではない。欲望に対して世界的な形式と質を与えるこ

---

　3) 英語の翻訳書では，レヴィナスの用語は egology になっている（Levinas 1969 [1961],
　　 p. 35 を参照）。

とで，そうした欲望は，世界の中に，世界とともに成長した仕方であること
を支え，持続させることになるのである。スピヴァク（Spivak 2004, p. 526）は，
「強制ではない仕方で欲望を再調整すること」という興味深い表現を用いて
おり，教育とは何であり，何に関するものであるのか，についての定義を与
えている。

　実存論的な仕方で，「成長したこと」と「幼さ」とを対になる言葉として
用いることによって，私は，子どものイメージをわるくしたり，すべての大
人が成長した仕方で存在することができると想定しているわけではない。こ
れとは反対に，他なるものや他者とかかわる二つの異なる仕方として，幼い
ことと成長したこと，エゴロジカルであることと非エゴロジカルであること
を理解することによって，それらが子どもと大人の両方に開かれた選択肢で
あることを目に見えるものにしようとしている。そしておそらく，ある特定
の状況で，子どもらしかったり，大人らしかったりしたことを振り返っては
じめてわかるだけなのである。そう述べるべきだろう。私たちの年齢や体の
大きさは，このことについて保証された指標ではないのである。

　本節の最後の見解は，私たち一人ひとりが個性的に振る舞うことに対して
注意を払う必要があるけれども，私たちは，自分たちが行為し生きる環境が
強力で影響力のあるメッセージを送るということも忘れてはならないだろう。
現代社会の生活が資本主義の論理で組み立てられている限り，私たちが生き
る環境は，正確には，私たちの欲望を中断したり，欲望を制限したりするこ
とに関心をもっていない。その代わりに，欲望を増加させることに集中して
おり，私たちもまたよりたくさんのことを望むだろうし，よりたくさんのも
のを購入するだろう。このような「衝動的な社会」（Roberts 2014）は，私た
ちが成長したということには関心をもっておらず，私たちが幼いままでいる
こと，金銭が発生するだろう状況に関心があるのである。

教育の仕事——中断，停止，維持

　世界の中に，世界とともに成長した仕方で存在すること，つまり主体とし

て存在することの意味が完全には理解されなくても，その議論はある程度十全にしてきたので，今度はそのような存在を可能にするのに貢献するような教育の仕事[4] について言及しようと思う。

　子どもの発達を促さなくてはならないということや，生徒がその才能のすべてを発達させ，潜在能力のすべてを開花させなくてはならないといった流行の教育論に応答する際に，明らかにすべきもっとも重要な点は，次のようなものである。世界の中に，世界とともに成長した存在を作り出す教育の主な原理は，中断の原理である，ということである。この考えは，部分的には，主体が存在するための条件についてのアレントの省察にしたがっている。アレントの省察は，私たちが主体であることは私たちの手のうちにはないことを強調している。だが，ここで述べたことは，レヴィナスによって紡がれた考え方とそれが示唆することから，よりはっきりとした形で理解することができる。レヴィナスが示唆するのは，私が主体であることに関する出来事は，つねに私の内在性の中断——つまり，私自身のために，私自身とともに存在することの中断——として現れることであり，まどろみからの目覚めとして現れるということである。

　レヴィナスの説明は抽象的に聞こえるかもしれないけれども，彼の主な洞察は，比較的簡潔なものである。たとえば，次のような例を引き出すことができる。私たちは皆，善の才能も悪の才能ももちあわせているということであり，道徳的な特性と罪を犯す可能性は，発達プロセスの結果として理解することができるということである。このことがただちに示すのは，教育の課題がけっして子どもの発達プロセスの促進にあるのではなく，どのような発達は望ましく，どのような発達は望ましくないのか，を問う必要があるということである。このことは，基礎的な教育上の振る舞いが発達を中断させ，問い直すことであるということを意味する。そのことはまた，教育の課題がただ生徒のすべての才能を発達させて潜在能力を十全に開花させることではないということも示している。というのも，繰り返しになるが，私たちが追

---

4) ここで，「仕事（work）」という用語は，かなり緩い意味で用いている。理論的な主張はとくにともなっていない。

究すべきものは，才能や潜在能力を一時中断させることであるからである。これによって，世界の中に成長した仕方で存在することを助けるのはどのような才能であり，またそれを妨げるのはどのような才能であるかが探し求められるようになる。それは，すべてのものを発現させ，育て，満ち溢れさせ，開花させることではなく，中断することを必要とするのである。したがって，教育というのは単に子どもの発達を支援することであり，生徒の才能を発達させ，潜在能力を最大限に開花させることであると示すことは，教育の嘘ともいうべきことである。この嘘は，子どもや生徒へと向けられた誤った導きであるだけではなく，教育者が彼らの課題を記述するための語彙を誤って導くし，何が本当に彼らの課題であるのかということも誤解させるのである。

　この点で，中断は，教育の課題の基礎的な構造を強調するもっとも重要な用語であるけれども，それは実にさまざまな方法で行われうるということを理解することが重要である。教育的な方法（成長したことを高めることを目指すような方法）で行われることもあれば，必ずしもそうではないこともある。中断を生じさせる，ある非教育的な方法は，私たちが直接的な道徳教育と呼ぶ形式のものである。そこでは，中断は，子どもと彼らが何事かを開始することに対して，教育者の側で行われる直接的な判断となる。つまり，「間違いだ」，あるいは「正しい」といった判決の形式をとる。ここでの問題は，フィードバックそれ自体にあるのではない。フィードバックそれ自体は，重要であり，ある程度役に立つことでもある。だが，問題は，判断が教育者によって行われ，その判断が子どもへと適用されていることである。というのも，このことは，子どもがそうした判断との関係で主体として現れるための時間も機会も与えないからである。子どもは，教育者の判断の客体以上にはならないのである（ほんの少しの言葉遊びに耐えうる読者に向けるとすれば，子どもは教育者の判断に従属したままなのである）。

　このことについて，望まれることと望ましいこととを区別する観点から取り上げることもできるだろう。私が示唆したように，この区別は，幼いことと成長した仕方で存在することの違いを示すものだが，このことは注意深く読むことが大切である。というのも，この考えは，「欲望」が幼い仕方であ

り，「望ましいこと」が成長した仕方で存在することを意味するのではない
からである。むしろ，成長した仕方で存在することは「能力」によって特徴
づけられるが，おそらく私たちは，ある人が望むものと可能な望ましさとを
区別し，また深く考えるために，この能力を，行いを喜んですることや欲望
それ自体と呼ぶべきである。言い換えれば，この違いは，ある人の欲望の客
体として存在すること――もしくは，もっと正確な公式にすれば，欲望に従
属して存在すること――と，ある人の欲望に対して主体として存在すること
の違いである。

　子どもや生徒がもつ欲望のどれが望ましいかを教育者が判断する限り，子
どもや生徒は教師の意図や活動の客体にとどまる。したがって，ここで鍵と
なる教育上の課題は，単純に子どもや生徒に対してどの欲望が望ましいのか
を告げることではなく，この問いが子どもや生徒の人生において生きた問い
となることである。このことは，直接的な道徳教育以外のことを要請する。
それはむしろ，子どもや生徒が彼らの欲望との関係を築くことのできる場を，
文字どおり物理的にも比喩的にも開くための助言をすることを要請する。子
どもや生徒がもつ欲望と，そこから導かれる行動との間のギャップを作り出
すことを必要とするのである。ここでの教育の原理は，停止である――時間
と空間における停止と述べることができるかもしれない。この停止によって，
私たちは欲望と関係を構築する機会が与えられるかもしれないし，欲望が目
に見えるようになり，感知可能なものとなって，取りかかることが可能にな
るのである[5]。論点をはっきりとさせるために述べるが，このことは，私た
ちが欲望を克服したり，破壊したりするプロセスではない。私たちの欲望は，
結局のところ，決定的に物事を進めていく力なのであるが，私たちは自らの
欲望を選択したり，変形させたりして，欲望に従属した存在から欲望に対す
る主体へと変化するのである。このことは，スピヴァクが述べる「強制では
ない仕方で欲望を再調整すること」(Spivak 2004, p. 526) に該当するが，彼女
の公式よりも，少しだけ非強制度が弱まっており，再調整に加えて，私たち

---

　5) 私は，Biesta (2017) の中で，芸術がこのプロセスで果たす貢献について詳細に論じて
　　いる。

の欲望を強化する変化もまた含まれるのである。

中断と停止はともに中間点で生じるものだが，それは生徒を中間点にとどめようとする願いの中で生じる。ここにおいてのみ，生徒は，成長した存在となることができるのである。教育の仕事の第三の側面は——そしておそらくもっとも重要で，不安定な側面なのだが——，この困難な中間点に生徒がとどまるように支援することである。それは，維持の提供——想像しうる限りどのような方法であっても——にかかわるものであり，これによって生徒は世界の中に，世界とともに存在することの困難に耐えることができるのである。しかしながら，中間点は生徒が世界と出会う場であるために，教育の仕事は，この出会いをもたらすことでもあり，その出会いに形を与えることでもある。この仕事は，教授法とカリキュラムをともなって行われなくてはならない。具体的に言えば，教育の課題は，抵抗の経験に形を与えることであり，それによって世界の多様性と統一性の経験が本当に可能になるのである。このことはまた，抵抗の経験と出会い，これに取り組むための時間を与えることを意味している。あるいは，より役立ちそうで興味深い表現を用いれば，抵抗の経験をとおして取り組むのである。

教育者の仕事はまた，抵抗の経験を重要で意味があり，積極的なものとして「設定する」ことであり，何かに取り組むには多くのさまざまな仕方があることに子どもと生徒の目を開かせることである。このことは，物事を困難にするために，物事を困難にすることではない。そうではなく，世界の中に主体として存在することにともなう問いと向き合うことが決定的に重要であることを認めることである。このように捉えるならば，あらゆる抵抗を懐柔し，個人化し，個々の子どもと生徒の要求に合うように完全に仕立てることで，それを教育の領域から除外することは，警告の対象となる。このような方策は，生徒が世界にかかわることができるようにするのではなく，生徒が世界から隔離されてしまうリスクを野放しにしてしまう。どこでどのように抵抗の経験に出会うのかが教育的にも意味のあることだと生徒に示すことは——抵抗の経験をこれがそうだという形でただ指し示すのではなく，さまざまに異なる形態をとることになるだろうが——，子どもを世界の破壊と自己

の破壊という二つの極端から遠ざけるためにも重要なことである。「遠ざける」という「消極的な」言葉の代わりに，教育者の仕事は，困難な中間点にとどまることを求める欲望を生徒に引き起こすことであると言うこともできるだろう。

権力（関係）を権威（関係）へと転換すること
——教えることの美しいリスク

　もし中断，停止，維持がある意味でかなり具体的な活動であるとすれば，教師の仕事には，さらにもう一つの側面があることになる。これは，たとえあるとしても，ほとんど教師の手のうちにないものである。それは，権力（関係）を権威（関係）へと転換することである。ここでの論点は，教育の中断は，生徒が主体であることを「目指す」ものであるけれども，それが成就されるときには，権力の行使として現れるということである。このことは，少なくとも生徒がそのような中断が生じるのを——おそらくそこからあらゆる教育が始まるのだが——求めていない場合にあてはまる。教育の中断への願いは，生徒の視点を「転じさせて」，生徒が望むものが望むべきものなのかという問いへと向けることであり，教育者の仕事のほとんどは，生徒が自らの欲望に出会い，欲望を吟味し，選択し，変形させることのできる時間と場所を作ることである。望まれることと望ましいことに関する問いは教師によって導入されるけれども——強力な中断として——，その願いは，この問いが生徒の人生にとって生きたものとなるようにすることである。ここで問題となるのは，私たちの人生において権威をもつべきなのは何か，についての問いであり，そうした権威に関する問いは，まさに他なるものや他者との対話につながるものについての問いである。それは，何かに，また誰かに対して，私たちの人生における権力を持たせることである。それはまた，他なるものや他者を権威づけ（authorize），話すことを促すことで，言葉を紡ぐ著者（author）にすることである。

　生徒が主体であることを目指して教える教師として私たちが望むものは，

ある時点で，生徒が私たちの場所へと引き戻され，当初は望んでいない中断
——権力の行使——に思われたことが，世界の中に，世界とともにある成長
した存在となること，つまり成長した主体となることに実際に貢献している
と認めるようになることである。このような転換が生じたときに，そして生
じた場合にのみ，私たちは権力（関係）———一人語りで一方向なもの——が，
権威（関係）———対話的で関係的なもの——へと変化したと言うことができ
るだろう（Bingham 2008）。だが，この転換に対して「再転換」が生じるのか
どうか，生じるとすればいつ生じるのか，私たちは知るよしもない。それは
生徒が私たちの視界と私たちの（職業）生活から消え去ったずっと遠い先の
話になるだろう。このことは，生徒が主体であることを目指して教えること
は，結果が予測しがたいという点でリスクを負っていることを意味する。だ
が，このことはまた，教師としての私たち自身が，権威（関係）としての権
力（関係）——受け入れられ，承認された権力——に再転換するかを知らず
に，権力（関係）を行使するリスクを負う点でもリスクをともなうことを意
味している。しかし，このことによって，私たちはリスクをとることを妨げ
られるべきではない。なぜなら，このリスクなしに，教育が生じることはな
いからである。このことは，もし教えることが，生徒が主体であることを目
指し，他の人間に，世界の中に成長した仕方で存在したいという欲望を引き
起こすことを目指すのであれば，教えることや，より広く教育がリスクをと
もなうものであるという性質を，私たちがよりよく理解することを助けてく
れるはずである。

結　語

　本章において，私は教育の課題とは何かという問いに答えようとしてきた。
あるいは，いまや私たちは，教育の応答責任とは何か，教育者の応答責任と
は何か，と問うこともできるだろう。この問いに対して，私は，教育の仕事
は何を目指すべきであり，どのようなことに関心をもつべきかを示すことで
答えようとしてきた。それは，他の人間に，成長した仕方で存在したいとい

う欲望を引き起こすことであった。世界の破壊と自己の破壊の中間点に存在することの重要性を強調することによって，存在に焦点をあてることが含意するものを明らかにしてきた。私はまた，発達論的な用語としてではなく，実存論的な用語として，成長したということを理解することによって，その考えに新たな意味を与えることを試みた。そして，もし教えることが，生徒が主体であることを目指すのであれば，中断，停止，維持の役割を強調することが必要だと述べることによって，教師が行う特定の仕事を示してきた。このことをとおして，教えることを解放や自由に関する問いへと再びつなげ始めたのである。そこには，生徒が成長した主体であることについての教育的な関心がある。次の章では，本章の議論が教育における学習の問いに対してもつ意味を探究する。具体的には，教えることと学ぶことの関係において，本章の議論がもつ意味を探究するつもりである。

2章 教えることを学習から自由にする

　教えることを再発見するという仕事が，少なくとも部分的には学習の言語と論理が教育にもたらすインパクトに対する応答であるとすると，教授／教えることと，学習／学ぶことの関係についてどのように理解したらよいのかという問いが重要になる。本章で検討するのはこの問いであり，私は，学習は必ずしも教えることの主題や目指すべき目的であるわけではないと主張したい。以下で詳しく論じることにするが，教えることを学習から自由にすることは，生徒に新しく異なる実存可能性を開くことになり，とくに成長した仕方で世界の中に，世界とともに存在するとはどのような意味なのかに出会う機会を開くことになるだろう。そのような機会は，教えることを学習と密接に結びつけて考えすぎると，奪われてしまうかもしれないものである。

　そうは言っても，教えることと学習することを切り離すことはそれほど容易なことではない。少なくとも英語の中で teaching and learning（教えることと学ぶこと／教授と学習）はどこでも見られる表現になっているので，*teachingandlearning*（教え学び／教学）という一語であるかのようにしばしば感じられるし，その表現が示唆するくらい，教えることと学ぶことの結びつきは密接で必然的だからである。しかし，教えることと学習することは，実際にはどのような関係にあるのだろうか。教えることは，必ず学習することにつながるのだろうか。教えることへの願いは，学習を促し引き起こすことだけにあるのだろうか。教えることが学習の原因となると想定してよいのだろうか，そうして，両者の関係を原因と結果の関係として理解してよいのだろうか。あるいは，教えることと学習することの関係は概念同士の意味の関係であり，そのため「学習」という言葉を想定せずに「教える」という言葉を用いるのはナンセンスなのだろうか。「教える」と「学習する」という言葉は必然的に結びついているのだろうか。教えることを学習という領域の

外部で考えることは可能なのだろうか。生徒を学習から明示的に遠ざけながら，なお教えようとすることは，意味があることだろうか。そのようなことがよい考えだとすれば，それはどのような理由からだろうか。

　これらの問いに取り組むことで，本章は，教えることと学習することの関係を明確にするだけではなく，教えることと学習することの間に想定される結びつきに対する限界や問題点のいくつかについて探究する。このような探究が重要な理論的な理由は，教えることと学習の関係を問うことは，教育実践のもっとも重要な事柄へと私たちを向かわせてくれるように思われることにある。だが，この検討は，政治的な理由としても重要である。というのも，教えることと学習の関係を問うことは，教師が応答責任を負うことができるのはどのような点であり，どのような点ではないのかについて，明確な理解を得るのに役立つからである。このことは，現在，政治家や政策立案者がしばしば教師に過大なことを期待しており，なかでも「学習成果」の「生産」という紛らわしい言葉で呼ばれていることに関して教師に過大に期待していることを考えると，喫緊の課題である。

　この章では，教えることと学ぶことの関係についての関連文献の検討から始めるが，とくに教育理論と教育哲学からの貢献に焦点をあてることにする。この論証ステップの主な目的は，教えることと学習が必然的かつ緊密に結びついているという考え方に対して，いくつか疑問を提示することにある。次に，教育研究，政策，実践において，近年，学習の言語が増加していることについてのいくつかの問題点を提示する。ここでは，教育言説における「学習化（learnification）」（Biesta 2009a）が教育に関する非常に重要な問いの多くをどのように周辺部へと追いやっているかを強調し，その中でも，教えることと教育の目的に関する問いをより広く取り上げる。この背景のもとで，私は，学習者という考え方に議論を絞り，学習に関して共通に理解されている前提では，学習者として存在することが実際に何を意味するのかについて問うことにする。とくに，学習が意味形成や了解という行為として理解されなければならないという考え方に焦点をあてる。この後，私が提起するのは，認識論的な問いと実存論的な問いである。認識論的な問いがかかわるのは，

36

2章　教えることを学習から自由にする

知ることと意味を形成することを，構成（文字どおり，意味形成すること）
のプロセスと受容のプロセスとして捉える場合の違いについてである。実存
論的な問いがかかわるのは，構成する者として世界に存在することと，受容
する者として世界の中に存在すること，すなわち他者や他なるものに語りか
けられ，話しかけられる者として世界に存在することとの違いについてであ
る。以上の背景のもとで，最後の論証ステップとして，自分が教えた大学院
の授業で学生に，意味を形成し理解すること，すなわち学習することを控え
るように依頼した具体的事例を提示する。

教えることと学習の結びつき
——教えること，生徒化，児童化

　議論のはじめに，教えることの一般的な意図は，学習を引き起こすことに
あるのかどうかと問うことが有益である。おそらく，この問いに対して多く
の人は，即座に「もちろん」と返答するだろうが，教えることと学習をいま
より少し切り離すことが意味があると考えられる理由が多くある。はっきり
とした理由は，教えることを学習の原因として理解できるという誤った考え
を退けることができる，というものである。教えることを学習の原因と捉え
る考え方は，教えることを介入とみなし，学習をその結果として捉え，教育
の複雑さを機械論的に理解することと関係している。この考え方の問題点は，
生徒の達成に対する責任がすべて教師に押しつけられる，ということにある。
ここでは，生徒は単なる介入の作用を受ける客体とみなされる一方で，教育
プロセスに対して，その一部でも応答責任をもつような，考え行為する主体
とはみなされないことが示唆されている。では，教えることと学習の関係は
何だろうか。教師の意図が学習を引き起こすことにあるのでないとすれば，
教師が意図するべきことは何だろうか。
　教えることと学習の関係についての最初の問いに関して，教えることと学
習は，出来事間の関係——それは，教えることが学習の原因であるという考
えの根底にある前提である——ではないと論じる研究者がいる。彼らによれ

37

ば，教えることと学習は概念間の関係であり，それゆえ「学習」という言葉の意味は「教える」という言葉（の適切な使用）の中に含まれる，あるいは「教える」という言葉の意味は「学習」という言葉（の適切な使用）の中に含まれる。後者の考え方，すなわち「教える」という言葉の意味が「学習」という言葉に含まれるという考え方に関しては，教えなくても学習することができるのは明らかであるため，容易に反駁できる（このことは，実際には教えることを必要とする学習があることを排除しない）。しかし，前者の考え方，すなわち「学習」という言葉の意味は「教える」という言葉に含まれるという考え方を反駁するのはもう少し難しい。実際，「教える」という概念には必然的に「学習」という概念が関係していると主張してきた哲学者がいる。たとえば，ジョン・デューイは次のように述べている。

> 教えることは日用品を売ることと比較できるだろう。商品を売ろうと思っていても，誰かが買い物をしない限り，売ることはできない。ある日に商売人が，今日は誰も何も買わなかったにもかかわらず，たくさん品物が売れたと言ったら，周りの人はその商売人をおかしな人だとあざ笑うだろう。しかし，教える場合にはおそらく，生徒が学習した内容とは無関係に，今日はうまく教えることができたと考える教師はいることだろう。だが，教えることと学習の間にも，売り買いで成り立つ関係と同じ関係が成り立つのである（Dewey 1933, pp. 35-36）。

　一般的なレベルでは，デューイの提案には意味がある。だが，ここで注意しなければならない点がある。まず，概念間の関係についての言明を，出来事間に想定される関係についての言明として理解しないように気をつける必要がある（実際，上記の引用において，デューイ自身もこのような混同にかなり近いことをしている）。そのうえで，概念レベルで見ると，「教える」という概念は，それが学習を引き起こさなくても意味のある形で使用することができる。このことは，「教える」という言葉に含まれる，いくらかの曖昧さと関係している。

　ポール・コミザール（Komisar 1968）は，教えることに関して，職業，総合的な業務，行為という三種類のとても有益な区別を提示しており，私たち

が教えていると言うとき何を行っているのかについて異なる答えを与えている。まず，教師であるのか（職業），それとも教える活動に従事しているのかが区別される。教える活動に関して，コミザールはさらに総合的な「業務」としての教えることと，特定の教える「行為」との間の区別を提案する。生徒と一緒に1時間過ごすことは教えることの「業務」にかかわっているかもしれないが，そこで行われるすべての活動（たとえば，ワークシートを配布する，学生を整列させる，ビデオを見せるなど）が教える行為とみなせるわけではないだろう。コミザールは，もう少し興味深い事例を紹介している。その事例というのは，教師がある話題について自分自身の見解を述べた後，そうするのをぴたっとやめて，「最後に再び教え始める」（Komisar 1968, p. 174）というものである。このことが示唆するのは，特定の行為を教えることの一例と決めつけるのは事実にもとづく事柄ではなく，実際にはその行為の目的や意図についての判断が含まれており，たとえば教えることを教え込むことから区別するといった判断が含まれる，ということである（目的に関する問いについては，後で再び触れる）。

　現在の議論に関連する二つ目の区別は，教えることを課題として捉えることと，達成として捉えることの区別である（たとえば，MacMillan & Nelson 1968 を参照）。この区別はギルバート・ライルの区別にまで遡るものであるが，そこでは一般的な意味で，競う，探す，到着するなどの課題動詞と，勝利する，見つける，把握するなどの達成動詞ないし成功動詞が区別される（Ryle 1952）。この区別にもとづくと，課題にかかわるものとして「教える」という言葉を用いる場合には，その課題が成功すること，すなわち教えることが達成されることを必ずしも含意しない，と言うことができる。たとえば，「彼に何年間もラテン語を教えたのに，何も学習しなかった」（Peter 1967, p. 2）と言うのは，課題動詞としての「教える」という言葉の正しい使用法である。他方で，教えることを達成動詞として用いるのであれば，「彼に何年もラテン語を教えようとしたのに，何も学習しなかった」という言い方をすることになるだろう。このような考察から，イズラエル・シェフラーや B. オサネル・スミスのような学者は，概念的には教えることは学習を含意しないとい

う，より強い主張を展開している。この見解は，先行研究では「標準命題（standard thesis）」として知られている（たとえば，Noddings 2012, p. 49 や Komisar 1968 を参照）。では，教えることの意図が学習にないとすれば，教えることの意図はどこにあるのだろうか。

　この問いに答えるためには，別の一連の曖昧さ，つまり今度は「学習」という語に関係する曖昧さに焦点をあてる必要がある。英語で「学習」という言葉は，プロセスとプロセスの結果の二つを指示するために用いられる――英語以外の言語ではどうなっているのかを考えてみるのは興味深いだろう――。後者の意味（前の段落で導入した用語における達成の意味）で「学習」という言葉を用いることは，産物――あるいは，達成という語を用いる方が適切である――の観点から学習を捉えないという条件であれば，それほど問題があるわけではない。学習の定義の複雑さをどのように扱うかに関しては膨大な研究が行われているが（その大まかな概要については，たとえば，Hodkinson, Biesta & James 2008 を参照），学習を，成熟という結果とは別の，何らかの持続的変化として捉える基本的定義は多くの研究者に支持されている。この定義で強調されているのは，学習が学習中の人の一側面に関する何らかの変化ではなく，持続性のある変化について言及されているという点である。さらに，その定義では，個人と環境との相互作用の結果としての変化と，単なる生物的，遺伝的に「プログラムされた」プロセスの結果としての変化が区別される。私たちが学習したと言うときに，実際にどのような変化が起きているのかという問いについては，さらなる検討が必要である。たとえば，それは知識，能力，理解，行動，感情などについての変化となるだろう。

　さらに，多くの学者が同意しているのは，そのように理解される学習を実際に引き起こすのは生徒が何を行うかにあるということである（この前提に関係して，いくつかの問題点はあるのだが，その点については後で論じる）。このことを受け入れて，私たちも「学習」という言葉を生徒が行うことを指示する言葉として用いるべきだろうか――そして，学習という言葉を課題動詞の言葉で用いるべきなのだろうか。これは，実際，学習という言葉につ

いてさらなる誤解を招く使い方である。私の考えでは，学習に関する議論が混乱する原因のかなりの部分は，学習という言葉が，活動を指示する場合と活動結果を指示する場合の二つの異なる仕方で使用されていることにある。「学習」という言葉が活動を指示する場合の問題に関しては，次のような場面を考えればわかるだろう。ある教師が生徒に向かって，「では，これから30分間，学習してください」と言うと，生徒は「それなら，先生は私たちに何をしてほしいの」とおそらく問い返すだろう。このようなことから，ゲイリー・フェンスタマッハー（Fenstermacher 1986, p. 39）は，教師が何らかの内容を生徒に伝え与えるという考え——これは，教えることは学習を引き起こすことであるという一つの言い方である——は，実際，誤りであると述べている。フェンスタマッハーによれば，教師はむしろ，「生徒に教師の言葉やテキスト，他の資料からどのような仕方で内容を習得するのかを指導している」（*ibid.*, p. 39）。

　したがって，フェンスタマッハーは，教師が目指すべきこと——それゆえ，教えることの目的——とは，彼が「生徒化」と呼ぶものであり，それは B. オサネル・スミスが述べる「児童化」に近いものだと主張する（Fenstermacher 1986 を参照）。生徒化という概念を用いることで，フェンスタマッハーは，教えることが何についてなされる行為なのかを正確に記述している。

　　それは，生徒化の手順と要求を生徒に指導することで，学習すべき題材を選択し，その題材を学習者のレベルに合わせて変えて，学習者がその内容を手に入れることができるためにもっとも適切な機会を作り出し（中略），生徒の学習進度をチェックおよび評価し，学習者が知識やスキルの重要な担い手の一人となるようにすることである（Fenstermacher 1986, pp. 39-40）。

　生徒化と学習の区別によって，フェンスタマッハーは，教師が意図して引き起こすべき事柄をこれまで以上に正確に語ることのできる概念を導入するばかりではない。生徒化と学習が区別されることで，教育関係において誰がどのようなプロセスの責任を負うのか，そして誰が何を説明する責任があるのかについて，一層明確に識別することができるようになる。フェンスタマ

ッハーは，次のように説明している。

この新しい考え方にもとづくと，教師は生徒であるために適切な活動（課題動詞の意味での「学習」）について説明する責任があり，他方で，学習者がその内容をしっかり習得したかどうか（達成動詞の意味での「学習」）に説明の責任はない。それゆえ，生徒が指導された内容に関する，合理的に妥当で信頼できる試験に失敗したら，その生徒は，失敗の責任のほとんどが自分にあることを大筋受け入れなければならない。他方で，生徒が試験でよい成績をとるために生徒化に必要なスキルが欠け，そのようなスキルを用いる機会が与えられなかったり，学習する題材の取り組みに役立たない方法で学習するよう促された場合には，今度は生徒の試験での失敗の責任の大半は教師にあることを受け入れなければならない（Fenstermacher 1986, p. 40）。

このように「生徒化」という考え方は，教えることを学習からある程度切り離すのに役立つ。それでも，フェンスタマッハーは，生徒化の行為の結果を学習と説明してもいる——そのため，「生徒化」に従事している人のことを「生徒」ではなく，「学習者」と呼んでいる（この区別に関しては，Biesta 2010c も参照）。コミザール（Komisar 1968）はさらに一歩進んで，はっきりと「学習は『教師』が意図して生み出すものではない」（p. 183）と述べるだけではなく，教えることの意図は「聴講者」——学習者や生徒ではなく——の「気づき」の観点からもっと正確に捉えることができるだろうと示唆している。それは，聴講者が「（教えることの）行為のポイントがどこにあるのかに上手に気づけるようになる」（p. 191; 強調は原文どおり）という点から教えることの意図を捉えることである。

これまでの議論で，教えることを学習の原因と考えてはならないこと，そして教えることは必ずしも学習を生じさせることを目的とするものではないことを明らかにしてきた。さらに，「教えること」と「学習」の間に概念的に必然的関係がないことも示してきた。フェンスタマッハーの考えに依拠することで，学習が——課題としても達成としても——「学習者に関する」ものであって，教師がもたらそうとすべきことは学習それ自体ではなく，生徒

2章　教えることを学習から自由にする

化の活動であるということも見てきた。このような議論のもとで，学習はせ
いぜい生徒化の活動の「効果」であって，教えるという活動の「効果」では
ない。このことは，教師にはどのような責任があり，何を説明しなければな
らないのかということや，反対に何に対して教師は責任を負わなくてよいの
か，説明する必要がないのかについて，より正確に示すのに有効な洞察を与
えてくれる。

　教えることを学習からある程度切り離したので，次に，教育において学習
が実際どの程度必要とされ，求められるべきなのかを問うことにしたい。こ
れについては，第二の論証ステップに移って検討しよう。

学習の問題──教育の「学習化」[1]

　フェンスタマッハーのような学者たちは，教えることの目的が学習を引き
起こすことにあるという考えに強く反対する議論を提示しているが，にもか
かわらず，フェンスタマッハーは，学習をプロセスの最終段階として捉える
ことで，生徒が生徒化の活動をこなすことで最終的に学習が引き起こされる
と考えている。このような考え方に対して，教えることや，より広く教育と
の関係の観点から，学習の役割と地位についてさらなる問題を指摘しておく
必要がある。その中でも最初に取り組むべき問題は，私が別のところで教育
言説と実践の「学習化」（詳細は Biesta 2009a, 2010a を参照）と名づけた事態に
関するものである。「学習化」とは，学習の言語の観点から，教育について
すべてとは言えないにしても，かなりの部分について語ろうとする比較的最
近の動向のことを指す。学習化の傾向は，たとえば，生徒，児童，子ども，
大人を「学習者」と呼び，学校を「学習環境」や「学習する場所」と呼ぶこ
とや，教師を「学習のファシリテーター」と呼ぶことに見られる。「教える
ことと学ぶこと」というフレーズが至るところで見られ，「成人教育」の分
野が「生涯学習」へと名称が改められたことも，「新たな学習の言語」（Biesta

1）本節で示される考えを以前に別のところで見かけた読者には申し訳ないが，私の全体
　の議論の中で重要なステップである。

2009a）が広がっている事例であろう。

　ここで明らかにする要点は，学習の言語が教育の言語としては不十分であるということである。このことは，教育において重要なのは生徒が学習することであり，フェンスタマッハーが述べるように，生徒が生徒化することで学習が引き起こされることは，あまり正確ではないことを意味している。問題を簡単に定式化するなら，次のようになる。すなわち，教えることや，より広く教育において重要なことは，生徒が「ただ」学習するということではなく，つねに何かについて学習することであり，具体的な理由をもって学習することであり，誰かから学習するということである。学習の言語の問題は，その言語が内容や目的に関して「限定しない」か，あるいは「無内容」なプロセスしか示さない点にある。それゆえ，単に「子どもは学習する」とか，「教師は学習を促進すべきだ」とか，「誰もが生涯学習者でなければならない」とだけ述べることは，何かしらの意味はあるとしても，重要な内容について実際にはほとんど語っていないのである。

　学習の言語とは異なり，教育の言語はつねに内容，目的，関係性に関する問いに注意を向ける必要がある。教育において学習の言語が広がることの危険性は，このような問いがもはや問われなかったり，あらかじめ答えが与えられていたりすることにある（その答えの与えられ方には，たとえば，重要なのは学問内容だけであり，重要な目的は学問業績だけであるとか，重要な関係性は教師が生徒を訓練して，その生徒が自分自身のため，学校や国家のために可能な限り最高得点をとることだけである，というようなものがある）。

　内容，目的，関係性の三つの次元の中でもっとも重要で基本的な問いは，目的に関するものであるというのが私の見解である。というのも，私たちの教育活動や努力をとおして実現したい目標は何かを示すことができてはじめて，生徒が取り組むべき適切な内容とは何かや，もっとも生産的で意味のある教育関係をどのように利用することができるのかについて決定することができるからである。しかし，別のところで示したように（Biesta 2010a），教育を人間が行う他の多くの実践と区別するものは，教育はただ一つの目的との関連で機能しているのではなく，実際には数多くの「目的の諸領域」との

2章　教えることを学習から自由にする

関連の中で機能していることにある。

　このような議論は比較的単純なものであり，したがって次の点について考察することから始めることにしよう。すなわち，教育というのは，すべての事例で——国家のカリキュラムや学校制度のような「大きな」レベルと，教師が生徒とかかわるような「小さな」レベルの両方において——，つねに何らかの内容（知識，スキル，性向）を提示し習得することであるという点である。だが，教育というのは，つねに生徒を特定の伝統と，特定の行為の仕方やあり方に導くことに加えて，生徒の人間形成に影響を与えるものでもある（その影響は，肯定的な場合には，たとえば知識やスキルのほか，自分をエンパワメントするネットワークとのつながりを与えるものであり，否定的な場合には，「自分の立場をわきまえる」ように話されたりするものである）。したがって，理論的な用語で説明すれば，教育は三つの領域との関係において機能している。すなわち，資格化（*qualification*），社会化（*socialisation*），そして私が好んで主体化（*subjectification*）と呼ぶ三つの領域である。主体化とは，生徒が他者の欲望や指示に従う客体のままでいるのではなく，自分自身が主体である（そのような主体となっていく）ことに関するものである。

　教育というものがすべて以上の三つの領域との関係においてつねに機能していることが正しいとすれば，教師や教育の設計や実行にかかわる者に，三つの領域のそれぞれで，自分たちの仕事が与える潜在的な影響について明白な応答責任をとるように要求することは理に適っている。このことが意味するのは，資格化，社会化，主体化は，三つの教育の機能としてだけではなく，三つの教育目的の領域としても現れるということである——その三つの質的に異なる領域それぞれで，生徒とともに達成する目標や，生徒に達成してもらいたい目標は何かを明確にして正当化する必要がある。

　資格化，社会化，主体化は，〔概念的に〕区別することができるとしても，相互に切り離せるものではないことを確認することは重要である。このことは，一方では，生徒の資格化だけに注目していると主張する学校でも，社会化と主体化の領域でも生徒に影響を与えていることを意味する。他方では，教師や教育にかかわる者は，つねに三つの領域の意味ある均衡を見出すこと

45

に直面しているとも言える。それゆえ，一つの領域が達成されることで，しばしば他の領域で達成できることの範囲が限定されたり狭まったりすることを覚えておく必要がある（たとえば，資格化の領域における達成を重視しすぎることで，他の二つの領域への影響に問題が生じる場合について考えてみるとよいだろう）。

これまでのすべての議論によって，教育の重要な点は，生徒が学習することにあると主張したり，教えることで（直接的な場合でも，生徒化や児童化をこなすという場合でも）学習を引き起こすべきだと主張したりすることが，どうして役に立たないのかが示されたことになる。学習されるべきことは何かという問いや，より重要な，何のために学習されるのかという問い——目的に関する問い——を明確に示さない限り，学習の言語は，教育の向かうべき方向性を提示することができない。この点こそ，学習の言語が教育の言語として不十分であることの理由である。

学習者であること——政治学とアイデンティティ

前節で学習の言語に関する問題点を提示してきたので，本節では，学習者の存在にかかわる問いについていくつか論じたい。学習者の存在にかかわる問いとは，学習者であるとはどのようなことなのか，学習者として存在するとはどのようなことなのか，というものである。この問いは，学習の政治学（この用語については Biesta 2013b を参照）と学習者のアイデンティティにかかわっている。まず，学習の政治学から見てみよう。

学習の言語が広く受け入れられ注目されている理由の一つは，学習がますます自然なものとみなされ，必然的なもの，すなわち私たちがあらゆる時間にするものであり，しないではいられないものとみなされていることと関係している。たとえば，生涯学習について，ジョン・フィールド（Field 2000, p. 35）は，学習は「避けられない生物学的事実」であり，無意識に行っている呼吸と同じで，意識することなく私たちはつねに学習している，と主張している。学習が自然で，必然的であり，避けられないものであるという考え

2章　教えることを学習から自由にする

方から，私たちはそれゆえに学ぶ必要があるという，政策立案者の見解に至るまではほんの短いステップであり，実際のところ，このようなメッセージが世界のさまざまなところで広がっている。たとえば，ユネスコ（UNESCO）の報告では，2010年の生涯学習に関する上海フォーラムで次のように言及されている。

> 私たちは，現在，急速に変化しつつある複雑な社会，経済，政治の世界に生きており，広範囲の状況においてますます迅速に，新たな知識，スキル，態度を身につけることで世界に対応していかなければならない。個人は，生涯を通じて学習する人にならなければ生活の中の困難に対処できなくなり，社会は学び続ける社会にならなければ持続できなくなるだろう（Yang & Valdés-Cotera 2011, p. v）。

これは，学習がある特定の政治的アジェンダを追求するために利用される——もっと言えば，乗っ取られる——戦略の事例の一つにすぎない。それは，ある特定の利益に関して，社会の特定の部分に役立つように意図されたものである。この引用では，学習は，柔軟で適応力があり，順応性の高い労働力を必要とするグローバル資本主義にうまく合うように使われているように思われる。この文脈では，学習は適応の行為として描かれているが，しかし，適応するかどうかを私たちが「決意する」以前に，そもそも私たちが何に対して適応すると想定されているのか，どうしてそのようなものに適応すると想定されているのかを問うことの必要性が少しもほのめかされていない。個人の「学習する自由」（Rogers 1969）や，民主主義のための学習という理解（たとえば，Faure *et al.* 1972）については，少しも顧みられていない。その代わりに，学習は，実際には逃げ道のない義務となってしまったかのようである——そして，それは生涯学習の考え方における「生涯」という言葉に皮肉な響きを与えている。

このような事例は，「学習の政治学」のダイナミクスを見事に表す事例であり，そこでは，経済，雇用，社会的結束についての問いといった政治的問題が，学習に関する問題に変化し，個人は学習をとおしてそのような問題の解決に取り組むように仕向けられることになる（そのうえ，多くの場合は自

分で費用を負担して）。学習への要望や要求がまったく正当な状況もあるだ
ろうが——たとえば，車の運転の前に教習所のレッスンを受講させたり，医
療行為に従事する前に医師として適切な教育を受けさせたりなど——，学習
するように要求することがすべての事例で正しいものとみなされるべきでは
ない。というのも，ほぼどのような状況でも，適応し順応しようとしてはな
らない状況というものがあるので，学習するように要求することが不適切で
正当化されない場合もあるからである。また，学習すべきことが実際には見
当たらない場合もある。たとえば，民主主義において誰が投票権をもつこと
ができるのかという問いは，シティズンシップの試験に合格する見かけ上の
能力にかかわるのではなく，市民としての（法的な）地位にかかわっている
（Biesta 2011a を参照）。

　ここまでの議論は，特定の政治的力が学習者としての私たちをいかに「位
置づけている」のか，そしてそのような位置づけを即座に機械的に受け入れ
ないことが重要なのはなぜかについて示唆してきた。以下で議論したい別の
問題は，「学習者」の一般的なアイデンティティ，すなわち学習者として存
在するとはどのような意味なのかについてである。この問題がとても複雑な
議論であるのは，あるレベルで学習には数多くの異なる定義と考え方があり
（Illeris 2008），すべてを一つの表題にまとめることも，何らかの共通項を見出
すことも可能ではないかもしれないからである。だが，私が指摘したいのは，
学習に関する現代の考え方には，学習を了解の行為として捉える強い傾向
——すなわち，意味形成の行為として，「外部の」世界（自然の世界でも社
会の世界でもありうる）についての知識や理解を得る行為として捉える強い
傾向——が見られるということである。このような行為の根底にある「振る
舞い」のことを，解釈学的な振る舞い（hermeneutical gesture）と考えるこ
とができる。そこでは，世界は，私が理解しようとするものとして現れる[2]。
理解するという課題は進行中のものであるが——それぞれの解釈学的循環は
現在の自分の理解に付け加わりながら，それを修正し，次の循環のための新

2）このことを解釈学的な振る舞いと呼ぶことの理由については，次節で詳細に論じる。

2章　教えることを学習から自由にする

しい出発点を与えるなど――，了解としての学習は，特定の仕方で私たちを
世界の中に置き，世界との関係の中に位置づけるのである。

　理解と解釈の行為は，つねに自分のいるところから出発し――いわば，自
己から発せられ――，世界の方へと外に広がり，それから何らかの形で自己
に戻ってくる。了解としての学習は，このように自己を中心に置き，世界を
自己が了解する対象としてしまう。了解という言葉の語源を遡れば，全体
（com）におけるものの把握（prehendere〔ラテン語で，「捕まえる」の意味〕）
という考えが見出されるだけではない。ラテン語の hendere は，実際，ツ
タという意味のラテン語 hendera と同じ語源をもっており，建物の壁一面に
茂ったツタがとうとうその建物そのものを崩壊させるほどに覆ってしまうと
いうイメージを思い起こさせる。

　このような言葉やイメージで説明しているのは，了解としての学習が私た
ちを特定の仕方で世界の「中に」置き，世界と関係づけることを強調したい
ためである。世界の中に置かれ，世界と関係づけられるこのような了解の仕
方があることは確かだが，ここで明確にしておきたいのは，これが世界と関
係づけられており，世界の中に位置づけられることを想像する唯一の仕方で
あるとすれば，私たちの実存可能性，すなわち世界の中に，世界とともに存
在する私たちの可能性は著しく限定されてしまう，という点である。了解と
しての学習という考え方について心にとどめるべき限界は，それが自己を中
心に据え，世界を自己のための対象としてしまうことである。このことが強
力な行為となるのは，私がすでに世界との関係性における中心であり，その
起源であることを「受け入れる」ことを困難にするときではなく，世界がそ
れ自体の言葉で話しかけることをますます困難なものにするときである。こ
こで世界というのは，自然の世界と社会の世界の両方を含むことを覚えてお
くことが重要であるが，それは私に語りかけ，話しかけ，中断させ，限定し，
脱中心化させる世界のことである。ここで暗示されているのは，自己と世界
とのかなり異なる関係性であり，そのような関係性において自己が問う最初
の問いとは「どのように私は理解できるのか」ではなく，おそらく「私の方
から問われていることは何か」という問いに近いものであるだろう。

私がここで示唆しているのは，私たちは中心にあり，了解するように「外部」に向かうのか，それとも私たちは中心の外部にあり，自分たちから問われているものを理解しようとするのか，という二者択一のことではない。そうではなく，もし学習についての私たちの理解が了解という中心化された行為の理解であり，それが自然で必然的な存在の仕方であるなら，そのような学習についての考え方や学習者のアイデンティティは，私たちの実存可能性，すなわち世界の中に，世界とともにある機会を制限し始める状況に陥るだろう，ということである。このことは，学習がよいことで望ましいものであるということや，学習者のアイデンティティが「このような存在の仕方」であり，それだけが「唯一の存在の仕方である」といったことを，即座に決めてかからないようにするさらなる理由となるだろう。

構成，受容，語りかけられること——実存可能性

　これまで述べてきたことで教えることの実践に重要なものがあるかという問いに移る前に，その背景にある哲学的議論のいくつかについて簡単に説明することにしたい。これらの議論は，部分的には，認識論や知識論が扱う知識の地位と本質にかかわるものであり，また他の部分では，私たちが世界の中に，世界とともにあることを理解する仕方についての実存論的な問いにかかわるものである。知識の問いについては，哲学史において，知識が「内部から」生じるのか——通常，「合理主義」と呼ばれる——，あるいは「外部から」生じるのか——通常，「経験主義」と呼ばれる——という論争がいまも続いている。その中でもラディカルな経験主義者は，心は「白紙状態」であり（ジョン・ロック），知識はすべて外部から生じると考える。反対に，ラディカルな合理主義者は，すべての知識は基本的に「心の中」にあり，学習することや，何かを知るようになることは基本的に想起のプロセスであると考える（たとえば，プラトンの見解があげられる）。
　このような議論では，一方で，感覚は私たちを欺くことが明らかであるという状況が指摘され——古典的な例では，棒が水中や外にあると真っすぐに

2章　教えることを学習から自由にする

見えるが，水に部分的に浸っていると曲がって見えるというものがある――，他方では，因果関係の概念のように，私たちが知識をもっていると強く信じていながら知覚できない状況が指摘される（この点を指摘したのはデイヴィッド・ヒュームであり，ヒュームによれば，規則性と相関関係は観察することができるが，その背景にある因果的メカニズムは観察できない）。イマニュエル・カントの仕事は，一般に経験主義と合理主義の統合として理解され，それは「概念のない直観は盲目であり，直観のない概念は空虚である」という有名な一節に示されているとされる。

　カントの議論は，構成主義者の知識論や学習論と多かれ少なかれ直接的なつながりがある。とくに，ジャン・ピアジェとエルンスト・フォン・グラサーフェルドの仕事は，そうである。構成主義者の理論は，現代教育に大きな影響力をもっており（Richardson 2003 を参照），実際のところ，学習の言語が広がっていることや，教えることを学習を促進することとして再定義することに非常に大きな貢献をしている。構成主義の基本的な直観によれば，知ることと学習することは，知る人と学習する人が知識と理解を能動的に構成する――意味を形成する――プロセスであり，知識と理解を受動的に受け取るのではないということである（その概要については，Roth 2011, chapter1 を参照）。この直観について広く知られている解釈は，私たちだけが自分たちのために学習し，意味を形成し，理解するのであり，私たち以外の何者もそのようなことを自分のために行うことはできない，というものである。この直観はそれ自体正しいが，「自分のため」に行うことを構成か受容のいずれかの観点から理解するという，さらにその根底にある認識論的な問いを解決することができない。にもかかわらず，このような一連の考え方が「学習者」と彼／彼女の活動に向けた転換を強力に後押しし，同じ「動き」の中で，講義式の教授という考え方ばかりか，おそらく「教えること」全般の評価を低くしている（この問題点については Biesta 2012b も参照）。

　ここで認識論的な問いの詳細に踏み込む余裕はないが，それは議論の複雑さによるだけでなく，この議論は現在も続いているからである。実際，教育分野における構成主義者の「覇権」を批判する研究がいくつも現れてきて

おり，たとえば，知ることはすべて，意図的に構成する心の活動結果である
というよりも，実際には，根源的な受動性と受容性に由来するということが
強調されている（この点については，Roth 2011 を参照。さらに議論の広範な概要
に関しては，Gordon 2012，さらに Biesta 2017, chapter 7 を参照）。本章の議論の
考え方で重要なのは，知るとはどのような意味かについての異なる理解は，
世界の「中に」あるとはどのような意味なのかについてのまったく異なる考
え方と関係している，ということである。それは，非常に異なる存在様式と
関係するため，まったく異なる実存可能性を開くものである。ここで問題と
なる違いについて簡単に説明しよう。

　知識を構成のプロセスと考えることは，了解の行為について以前に私が述
べたことに類似した人間存在の観念と関係している。構成の考え方によれば，
知られるべき世界の中心に知識の構成者が置かれ，世界——自然の世界と社
会の世界——は私の構成，私の理解，私の了解の対象として位置づけられる。
実存論的に言えば，このことは熟達の行為と考えることができる。そこでは，
私の知るという行為をとおして世界に熟達しようとする。このような態度が
とくに目に見えるものになるのは，私たちが世界と技術的にかかわる場面で
あり，そこで私たちが技術の発展とともに行っているのは，世界を統制し熟
達しようとすることである。ここでは，非常に根源的な意味で，私の存在が
世界の存在に先行して「生じる」のである。まず私がそこに存在し，そこか
ら世界に意味を形成し始めると想定される。それはまた，世界は私のために
存在し，世界は私から意味を形成され，その知識が構成される対象として，
何らかの仕方で私の自由になるものと想定されることを意味している3)。

　知ることを構成の「行為」ではなく，受容の「出来事」として捉えること
によって，私たちは世界との異なる関係づけの中に置かれることになる。あ
る意味では，知ることを受容と考えることは，知ることを構成と考えること
と真逆のことであると言うこともできるだろう。知ることを受容と捉えると
き，世界は自分たちの自由になるものではなく，私たちに到来する「何か」

---

3) ロス（Roth 2011, pp. 5-10）は，これを現代の構成主義の「主知主義」の問題として論
　じている。

として現れる。そのとき，知ることは熟達や統制の行為ではなく——自然の世界と社会の世界に対する私たちの態度は技術的なものでなくなる——，世界に耳を傾け，世界に関心をもち，世界をケアするプロセスとして，さらには世界を運び入れるプロセスとして，よりよく記述できるだろう（1章でAuftragとopdrachtについて述べたことを確認してほしい）。ここでのもっとも重要な違いは，能動と受動の区別——少し違う言い方をすれば，志向性と受容性の区別——であり，自分の自由にできる対象（私がそれに向けて何かを行う対象）としての世界と，それ自身で「客観性」を備えている対象，あるいはもう少し正確な言葉で表現すれば，それ自身の統一性を備えている対象としての世界との区別である。

　構成と受容は，私たちが世界と関係する異なる二つのあり方を示している。しかし，両者の違いはどのように関係するのか——構成する者としてなのか，それとも受容する者としてなのか——という点にあるだけで，どちらの場合も，ある意味では世界に先立って私たちが存在し，その状況から構成や受容を始めることができるといまだに想定されているのではないか，という反論がありうるだろう。このことは，私たちが自分自身や世界をどのように理解するのかについて考察するべき実存可能性がさらにあることを示唆している。もし構成と受容がともに，構成し受容する自己の存在を前提にしているなら，自己と世界の関係についての他の理解の仕方が少なくとも一つある。それは，世界がある意味では自己に「先立って」到来し，自己はその「出会い」の中から現れるという理解の仕方である。

　このことは，前章で論じた内容と次章で探究する内容ではあるが，主体としての私たちの存在は，正確には自分たちの意のままになるのでも，いわば内部から生み出されるのでもなく，語りかけに対する応答のうちに，すなわち他なるものや他者に語りかけられ，話しかけられる経験に応答する中で現れる，という考え方で捉えることができる。ここでとくに重要なのは，聞くことと語りかけられることとの違いについて熟考することである。聞くことは，話を聞こうとして耳をそばだてる自己から出発するが，語りかけられることは「外部」から私たちに到来するのであり，ある意味ではそのような語

りかけに応答するよう「求める」のである（「聞くこと」と「語りかけられること」の違いに関する教育的含意については，Biesta（2012a）を参照）。

　もちろん，知ることについての異なる理解と，世界の中にあることの意味の異なる理解については，説明しなければならないことがもっとたくさんある。私が示そうとしてきたのは，多くの可能性——多くの実存可能性——を示すことで，私たちが世界の中にあることは多くの異なる仕方で理解されうることと，それは必ずしも学習やその論理と結びついているわけではないことである。これらの可能性は理論的な選択肢というだけでなく，重要な実践的含意をもつ可能性でもある。たとえば，世界に対する技術的態度は，さまざまな恩恵をもたらしてきた一方で，現在の私たちが直面している生態系の問題の温床となっていることを考えてほしい。同様に，他者との関係性がかかわる領域——倫理や政治といった領域——において，管理と統制という態度は，聞くこと，ケアすること，話しかけられることなどの態度とは非常に異なる関係性を生み出すことを考えてみてもよい。それでは，このようなことは教育にどのような意味をもたらすだろうか。

学習させることなく教えるということ——「概念を取り込む」

　これまでの議論で，教えることは学習と必然的な関係にあるわけではないことや，学習と学習者という考え方に問題が含まれていることを示してきた。このことは，控えめに言っても，学習や学習者であることが，つねによいものであり，望ましいものであると想定することはもはやできない，ということである。さらに，了解の行為としての学習が世界と非常に特異な関係性の中に私たちを置くことを示すことで，他の関係性が想像でき，可能であり，また望ましくもあることを示してきた。このことは，教えることを学習から「自由にする」ことを望み，少なくとも生徒に他の実存可能性を開く充分な理由があることを示唆している。問題は，これらの中で実践可能なものはあるか，ということである。生徒とともに行う活動の際に，学習を取り「除く」ことは可能だろうか。そのようなことが可能であれば，すなわち学習を

54

2章　教えることを学習から自由にする

目標とすることなく教えることができるとすれば，そのことに教育的意義が
あると言えるだろうか。本節では，数年前に私が教えた授業で，実際に学習
を取り「除く」ことを試みた経験について紹介したい。

　その授業は，教育学の博士課程の大学院学生のための 2 週間のセミナーで，
私の著書である『教育という美しいリスク』（Biesta 2014）から選んだ七つの
教育学の概念について検討するものであった。それらの概念とは，創造性，
コミュニケーション，教えること，学習，民主主義，解放，妙技である。セ
ミナーの導入部の後，それぞれの概念ごとに 1 日のセッションを費やし，そ
の歴史，意味，意義，重要性について検討した。あるレベルで，私は，学生
にそれらの概念と自分の研究プロジェクトの関係性を検討するように求める
ことで，その概念についての学生たちの理解が広がり深まり，また学生がそ
こで得た洞察のいくらかを自分自身の研究に取り込むことができるだろうと
いうことを狙った。そうすることは，博士課程の授業で議論を進める際には
よく見られることではあるが，だからといって，この授業で議論されること
すべてが学生の取り組んでいることに関連するだろうと想定していたわけで
はない。つまり，このような授業で学生が何を学ぼうとするのかについては，
学生自身で選択することができるのである。

　しかし，ここで私が学生に思い出してもらったのは，教育というものが，
おそらくすでにそこにあるもの——たとえば，現れつつある理解——を伸ば
し深めることだけではなく，まったく新しい何か，すなわち学生がそれまで
まったく経験したことのない何かとの出会いとして理解することもできると
いう点である。このような出会いは，いわば理由なしに到来する何かとの出
会いと考えることができる。というのも，もし出会うものが本当に新しいも
ので，外部から到来するならば，学生は自分のところに到来してくるものと
関係を取り結ぶための基準点をまだもっておらず，それゆえ（まだ）自分の
もとに到来する理由を理解することができないからである。したがって，学
生のもとに到来する新しいものは，どちらかと言えば背負って運ばなければ
いけない重荷のように感じられるものであり，すでに精通している洞察や，
自分がすでに知っていたり理解しているものに取り入れたり，それに加える

55

ことが容易にできる洞察ではないかもしれない。学生には，教育においても，これに似たようなことが頻繁にありうると伝えておいた。すなわち，自分が目標として向かう——把握したり，理解したり，了解しようとする——のではなく，自分のもとに到来してくるものと出会うことがあり，実際，そのような出会いは，学生たちがしばらく一緒に付き合うことを選択することも，選択しないこともできる重荷を目の前に示すものになると伝えておいた。もし一緒に付き合うことを選択すれば，もしかすると時間をかけて関係を発展させ，それに対する欲望をもつようにさえなるかもしれない。どのような関係になるかは，誰もわからない。

　このような背景のもとで，私は，この授業に追加の構成規則として「取り込み」の規則を導入することにした[4]。そうしたのは，取り込みという考え方が，外部から自分のもとに到来するものと出会うという，異なる経験にもっとも近いように感じたからである。外部から到来するものとは，自分ではほとんど統制したり選択することのできない異様なものではあるが，それと向き合って一緒にいようと決意すると，何らかの関係を発展させることができるかもしれないものでもある。だから，学生にはこういった授業で，通常，取り組んでくるように言われることを勧めるのではなく，つまりこの授業で議論してきた概念を理解し，意味を形成し，そのうえでその概念を各自の研究プロジェクトの「合理性」の中へと取り入れるようにするのではなく，それらの概念の一つを取り込むように依頼した。私のこの言葉は文字どおりのことを意味していた。すなわち，学生には自分が選んだ概念を自分たちの生活の中へと取り込み，2週間，その概念とともに生活するように求め，2週目の最後の日に学生にその取り込みの経験について参加者の前で報告するように依頼したのである。すなわち，2週間，その概念とともに生活して，そ

　4）実際には，取り込みの概念が私のもとに到来したのであり，私にいわば贈られたと言った方が正確である。それはちょうど，授業の概要をパソコンで執筆している最中に，「すべての受講生に概念を取り込むように求めることにする」と書いたときのことである。そのとき「取り込む」という言葉が私のもとに戻ってきたのであり，単に「選択」という用語の代わりとなる洗練された言葉としてだけでなく，異なる（実存）可能性をもつものとして現れ始めたのである。

2章　教えることを学習から自由にする

の間にどのようなことが起きたかについて報告するように求めた。このようなことを求めていたから，私はその概念を理解するように求めることはしなかった——学生には，いかなる了解も求めなかった。そうではなく，この授業の中で提示された概念ごとの異なる実存可能性を開くように求めた。

　学生にはそのように強制したわけではなかったが——と自分では少なくともそう思っている——，この試みに賛同するなら，はじめから取り込みという考え方について真剣に取り組んでほしいと注意しておいた。取り込みについて取り組むということは，何よりもまず学生が自分の望む概念を選択できないとしても，どれか一つの概念を進んで取り込むことを宣言し，実際に自分に何が起きるかを考えてみることを意味している。結局のところ，もしあなたが子どもを養子としてもらいたい〔取り込みたい〕と思っている場合でも，養子として受け入れる子どもを選択する可能性はほとんどないのである。というのも，実際，子どもの訪れは突然生じるものだからというだけでなく——夜中に電話が鳴り，翌朝7時に玄関前に子どもが連れて来られて，受け入れに際して「はい」か「いいえ」のいずれかの返事しか認められないというように——，子どもがどのように成長するかがわからないということは，先を見通せないことに対しても自分に責任が降りかかることを意味するからである（見通すことができないというテーマについては，5章で再び触れることにする）。したがって，初回のセッションの最後に，机の上に扱う概念の一つが書かれている用紙を半分に折ったものを置いて，学生に一つずつ選んでもらい，その概念を生活の中に取り込むようにと伝えることにした。

　ほとんどの学生がそれをしてくれた。あらかじめ自分の選びたい特定の概念が決まっていた学生もいたが，それでもよいと私は学生に伝えた。2週間の授業では，対話的なやり方で説明を進め，その日のセッションごとにそれぞれの概念の複雑さについて検討し議論した。セッションでは，理解や意味形成についての問いに取り組んだが——その意味ではセッションは了解の演習の場であったと言えるかもしれない——，その間も学生たちはそれぞれの概念と一緒に生活を送っていた。2週間のうちに，学生と概念の間に何が生じたのかについて私は知っているわけではないし，それを知りたいという欲

57

望もなかったが，最後のセッションでいくらかの省察を共有したいと望んでいたので，学生に自分が望む範囲で概念と一緒に生活した経験について話してもらうように依頼した。

　まず興味深かったのは，すべての学生にとって，学習者としてのアイデンティティを放棄し，この授業と内容に関して異なる存在の仕方に移行することは必ずしも容易なことではなかったことである[5]。学生が発表した報告の中には，概念の意味を形成し，その意味や意義を検討しようとする「伝統的な」試みもあったし，それらの概念と出会い，一緒に生活をし，一緒に持ち運ぶ——つまり，概念とともに存在する——ということがどういう意味であったのかを明示していないものもあった。この点について私は批判するつもりはないが，了解としての学習のアイデンティティは非常に深く根づいているため，アイデンティティの外へと移行するのは言うほど容易ではないとだけ指摘しておこう。すでに示唆してきたように，学生に概念を選択できるようにする代わりに，概念の方から自分たちを見つけてもらうように伝えたことで，私はこの授業では意図的に選択する瞬間を与えないようにした。この点については，多くの場合，学生の自由に任されていた。繰り返すと，私は，このことについて次のことを強調する以外には，判断を下したいと思わなかった。すなわち，選択は，現代の学習者のアイデンティティの中心的役割を果たしており，それゆえ学生が選択を手放すためには，いくらかの努力が必要となる，ということである。

　しかしながら，ほとんどの学生にとって，自分たちの概念はもはや単なる概念ではなく，それ自体でリアリティのあるものとなっており，「自分の」概念との最初の出会いや，その後に概念とともに生活した時間についての説明は魅力的であったし，なかにはとても心動かされる説明もあった。学生の中には概念と出会ってから，すでにかなり深いところで「自分の」概念としている者もいた。たとえば，解放という概念に出会った学生は，その概念がどのように以前からつねに自分の生活の主要なテーマであったのかについて

　5）もちろん，教師としての私にどのようなことが生じたのかという問いもある。

2章　教えることを学習から自由にする

語ってくれた。この点で，解放という概念との出会いは，その学生に主要テーマの重要性をはっきりと再確認させる機会，あるいはもう少し別の言葉で表現すれば，そのテーマとの新たな出会いとなったと言える。また，別の学生は自分自身と自分の出会った概念がぴったりとはまった経験について語ってくれた。

　学生の中には，このような方向とまったく反対の仕方で物事が生じた者もいた。たとえば，ある学生は，「学習」という概念と出会うことがないように・と心の中で望んでいたのに，その学生のもとに学習という概念が「到来してきた」のであった。その学生が話してくれたのは，どのように学習という概念——実際には，私がその概念を書いた小さな紙——を自分のショルダーバッグの奥底にしまったかということであった。しかし，彼女は2週間ずっと，学習という概念がまるで物理的に目の前にあるものとして，自分が一緒に持ち運ばなければいけない重荷として，あるいは自分に何かを望んでいるように感じられるものとして，そこに座っているように感じられたと述べてくれた。もう一人の学生も，その概念に出会った瞬間に感じたのと似た嫌悪感や，その概念と関係を築く難しさ——その学生が言うには，その概念は夜中，下の階に置いてあったのに，とても強い存在感が感じられるようなものだった——について語ってくれた後，時間が経つにつれて，その関係性が変化していったことを話してくれた。

　こういった事例では，概念を取り込むのが簡単かどうかは学生によって個人差があるものの，概念が「単なる」概念ではなく，多くの場合，リアリティのあるものとして，大切にしたり憎んだりするものとして，自分に声を掛けてくるものとして，呼びかけるものとして，自分たちの生活に占める意味を求めてくるものとして，学生の生活において存在するようになったことを示しているだけではない。このような場合に生じていたのは，学生が概念と出会い，その概念を取り込むように要求されることで，伝統的な学習者としてのアイデンティティを「超える」ように導かれ，了解から離れて，世界の中に，世界とともにある異なる仕方へ導かれていった，ということである。了解が学生にとって中心を占めるものではなくなったことがよく伝わってき

59

たのは，一人の学生が最後のセッションの後に行われた歓談会で，授業のはじめに私が話したことについて尋ねてくれたときのことである。その学生は，「私は先生のおっしゃることを理解しなかったけれど，そのことについてまったく気にはならない」と前置きした後で，私の言葉にもう一度出会い直すことができるように（という目的であると私は思うのだが），授業のはじめに私が話したことを繰り返してもらえないかと頼んだのである。

　私が以上の事例で示したかったのは，学生が概念を取り込んだ経験に深い意味があるのは，その概念についての深い理解を得たからである，ということではない——そのようなことこそ，私たちが一度締め出そうとしたことにほかならない。私が示したかったことは，概念を取り込むように求められることで，学生に異なる実存可能性が開かれ，初期の様態の理解とは異なる，世界の中に，世界とともにある仕方が開かれる，ということにある。概念を取り込むよう求めることは，学生に世界を統制するのをやめるように求めることである。それは，自分では選択できないものや，自分に訪れる知識がほとんどないものを生活の中に取り込むことを求めることでもある。それはまた，何らかの好感を抱いていたわけではなかった場合や，ときには自分の生活の中に入り込んできたものに嫌悪感をもっていた場合でさえ，自分のもとに到来するものを気にかけるように求めた，ということである[6]。学生を了解から遠ざけることで——学習しないように，解釈しないように，意味を形成しないように求めることで——，学生は，世界の中にいままでと異なる仕方で位置づけられ，異なる存在の仕方，すなわち世界の中に，世界とともにある異なる仕方を経験することが可能となった。このようなことは，それ自体で価値があるだけでなく，了解しようとする初期の傾向を中断させることで，学生に学習だけが，教えることが行われ，教育が生じる意味のある方法であるとは限らないことが示されたのである。

6）当然ながら，ここでの「概念」という言葉を「子ども」や「学生」と置き換える誘惑に駆られる。

2章　教えることを学習から自由にする

結　論

　本章では，教えることと学習することが必然的な関係にあるわけではなく，またその関係がつねに無条件で望ましい関係であるわけでもないことを示してきた。さらに，学生が学習するのを控えるよう言われたときに何が生じるのかについて簡単な事例を提示した。これらすべては，学習の価値を貶めるものでも，教育には学習の居場所があるべきではないと主張するためでもなく，学習が教育の唯一絶対の目的であるわけではなく，教育が目標としうる実存可能性の一つにすぎないことを明確にすることが意図されている。教えることを学習から自由にし，*teachingandlearning*（教え学び／教学）が一語ではないことを示すことが重要なのは，学習は私たちが世界にかかわることができ，世界の中に特定の仕方で存在する，ある意味では限定された仕方であることを示すことにあるだけではない。同様に，教えることを学習から自由にし，学習を教室から締め出すことが重要なのは，生徒の異なる実存可能性を開くためである。とくに教育プロセスの中心に彼らと彼らの意味形成を位置づけない実存可能性を示し，生徒にそのような意味形成を「超えた」ところから到来するもの，私の言葉では理由なく到来するものと出会うことを可能にする実存可能性を開くことが重要である。それは，生徒に語りかけ，話しかけるもの，生徒に何かを求めるもの，生徒に呼びかけるもの，生徒を呼び覚ますものであり，そうして生徒の成長した主体であることを世界に呼び出すかもしれないものである。

61

3章 教えることの再発見

　これまでの章で，教えることの再発見のための議論を発展させる試みについて，二つのステップを踏んできた。1章では，教育と教育者の主要な課題は——もし望むならば，応答責任とも言い換えられる——，他の人間に，世界の中に成長した仕方で存在したいという欲望，すなわち主体として存在することの欲望を引き起こすことであると述べてきた。私は，このことが何をともなうのか，またこの方法で教育にアプローチすることになぜ意味があるのか，そしてそれは教師から何を要求するのかについて，中断，停止，維持，権力（関係）から権威（関係）への転換を強調しながら示してきた。私は，世界の中に成長した仕方で存在するということは，私たちが望むものが望むべきものなのかどうか，私たちが望むものが望ましいものなのかどうかが，人生の中で「生きた問い」になり，私たちとともに持ち運び，そして私たちが出会うあらゆる状況で考える問いになることを意味すると論じてきた。

　2章では，教えることと学ぶことのギャップが今日想定されている以上に大きいと主張することで，教えることと学ぶことの関係について議論してきた。私は，了解の行為として理解される学習というものが一つの実存可能性にすぎず，世界の中に，世界とともにある一つの仕方にすぎないと主張しただけでなく，その理由のために，単なる学習よりも教えることにより多くの実存可能性があるべきだと提唱してきた。私は，学生に学習を控えるように求めた事例の議論をとおして，学習から教えることが「自由になる」ときに，他の実存可能性が開き始めるということを示してきた。それは，世界の中に，世界とともに成長した仕方で存在する努力のための意義を持ち運ぶ実存可能性である。

　この章で，私は前章からの主要なテーマのいくつかについて，とくに主体としての存在が意味形成，理解，了解の観点からどの程度理解されるかとい

う問いに焦点をあてて詳細に論じることにする。意味形成する生命体としての人間の観念に対して，私はエマニュエル・レヴィナスの示唆にしたがうことにする。それは，主体としての私たちの存在は，（私たちの）了解と（私たちの）意味形成の観点からアプローチされるべきではなく，他の仕方で現れ，いわば「他のどこか」から現れるという示唆である。私は，教えるということが生徒の自由の限界なのではなく（4章も参照），それによって主体としての生徒が現れるかもしれない，まさにその仕方であると示すことで，それを教えることの問いにつなぐことにする。

伝統的な教授の何が実際に間違っているのか

　過去20数年の間に，教えることについての研究書や政策文書の多くで，かなり共通した議論が行われてきた。何度も繰り返し見られたのは，いわゆる「伝統的な」教授とされる観念は，わるく，時代遅れのものである一方で，より現代的とされる教育が行われるところでは，生徒の学習を促進することに焦点があてられたことである。すなわち，「伝統的な」教授というのは，教師が話し，生徒は聞き，受動的に情報を吸収するというような教育であるのに対し，現代的な教育では，個人的なものであれ，ある種の対話的なプロセスの中であれ，学習を促進することがよいことであり，望ましく，「未来の」ものであるとされる。「伝統的」と「現代的」の対立は，それ自体すでに古くさいものであるが，私たちはまた，伝統的な教授それ自体に対する批判がいかに伝統的なものであるかを忘れてはならない。ジョン・デューイはこの点をすでに指摘していたし，オランダのヤン・リサートや，彼らの時代の前にも後にも，世界中の多くの教育者や教育学者が同様のことを指摘してきた。この批判は，完全に正しいものであったわけではない。というのも，教師が話し，生徒が静かに座っている教室でさえも，実際には生徒の側でたくさんのことが起きているからである。もちろん，生徒は退屈し，遠ざけられ，無視されているように感じるかもしれないが，同時にやりがいを感じ，魅了され，感激しているかもしれない。そんなことは誰がわかるだろうか。

3章　教えることの再発見

　私はまた，これまでに，教育というものが伝達と受動的な吸収のプロセスとして行われることがあったとしても，実際に，そのように働くものだと示唆した人がいたのかと疑問に思う（Biesta 2004 を参照）。この点で，私は，バージニア・リチャードソンの「生徒は教授の伝達モデルの中で出会う活動からも意味を形成する」という考察に大いに賛成している（Richardson 2003, p. 1628）。

　伝統的な教授に対する批判の観点からすれば，今日，もっとも人気がある，テクノロジーに媒介された教育形態が，すべて「従来型の」やり方で，つまりある人が話し，説明し，他の者たちは見て，聴いて，学ぶやり方で行われているというのは，当然のことながら皮肉なことでもある。たとえば，TEDトーク〔Technology Entertainment Design の略で，ニューヨークに本部があり，毎年，さまざまな分野で世界規模の講演会を主催している〕や MOOCs〔Massive Open Online Courses の略で，主に大学によって運営され，受講生がインターネットを経由して無料で受講できる講義〕，無数の専門家やアマチュアによる YouTube の教育的な映像などがある。就学前教育から高等教育に至るまで現在の教室を侵食する，ワークシートや個人とグループでの作業のとめどない流れは，教育をつまらないものにしているのではなく，それを忙しい作業に変えているにすぎないのではないか，と問うてみることもできるかもしれない。また，ソクラテスの弁明からリンカーンのゲティスバーグ演説〔1863 年 11 月 19 日に，ペンシルベニア州ゲティスバーグで，アメリカ合衆国大統領のリンカーンが行った演説で，「人民の，人民による，人民のための政治」と話したことで知られる〕を経て，バラク・オバマの演説に至るような，伝統的で一方向的なコミュニケーションの形態の重要な事例についても忘れてはならない。私が知る限り，それらの演説で話されたことについて，聴衆が個人的に意味を形成することができるような研究の問いやグループワークがなかったと実際に不平を言った人は誰もいなかった。この点で，私たちの受け取る力というものを本当に低く見積もるべきではないと考えている。

　これらの考察が示唆しているのは，伝統的な教授に対する現在の批判というものが実際にどこか間違っているかもしれないということである。しかし，

65

この点を指摘して，教えることを取り戻し再発見するための一般的な問いを立てようとすることは，本書のプロローグで説明したように，困難をともなうものである。すでに言及したように，このことがとくに困難なのは，今日，教えることと教師に対するもっとも発言力のある議論は，政治的なスペクトラムの保守的な一端から来ているからである。そこでは，彼らは現代社会と現代教育に欠けているように思われる秩序や統制といったものを再び打ち立てようとしている（この問題についての異なる見方は，Meirieu 2007 を参照）。このことが示しているように思われるのは，唯一の進歩主義的なオルタナティブが教師と「伝統的な」教授の消滅と，学習への転換しかないということである。そこでは，教師はファシリテーターとしてのみ存在し，それ以外では「自律的な」学習プロセスだけが進行することになる[1]。

　私が正しく理解しているとすれば，ここでの問題は，二元的な選択肢の構成にかかわっている。つまり，権威主義的な教授の形態に対する唯一の意味のある応答は，教えることを廃止し，学習へと転換することであるという考え方である。そして，注目すべきことは，第三の選択肢，すなわち進歩主義的な系譜にそって教えることと教師の理解を再構築することはほとんど考慮されていないということだ。だが，私たちが教えることの権威主義的な形態に対するまったく異なる応答の萌芽を見出すことができるのは，第三の選択肢においてである。それが依拠するのは，自由が権威の反対でも権威からの逃走でもなく，私たちが生きている中で権威をもつかもしれないものと「成長した」関係を築くことにかかわるという考え方であり，メリュー（Meirieu 2007, p. 84）が述べたように，権威が権威づけられるプロセスにかかわるという考え方である。

　この章で，私は，議論の人間学的な次元[2]と呼ぶもの，すなわち人間と，世界の中での人間の場所について根底をなしている前提に焦点をあてる。私

---

1) ここで「自律的」と用いるのは，これらのプロセスが教師の存在とは関係なく，どのみち進行することになるという考え方を示すためである。
2) ここで言及するのは，哲学的人間学のことであり，経験的人間学や「文化」人間学〔文化人類学〕のことではない。

66

はこのことにいくらかの恐れをもって取り組んでいる。というのも，私は，人間学というものを選択の問題であるとは考えていないからであり——それは私たちが人間をどのように理解したいかを選択し，幸運にもそこから進むことができるものではない——，また，人間学を基礎教育の問題——いったん人間というものが本当は何であるのかを知ると，教育を安全で確固とした道に落とし込むことができるような場所（これらの問題については，Biesta 2006，Biesta 1999 を参照）——であるとも考えていないからである。

　この章での私の願いは，現在，普及している人間の概念を目に見えるようにすることであり，どのように異なった仕方で，人間と，世界の中での人間の場所にアプローチされるのかを示すことをとおして，それらの普及した人間の概念が必然的なものでも不可避的なものでもないことを示唆することにある。そのような人間の概念は，とりわけ教育的なイメージの中にあるものだが，インパクトはより広範なものである。また，ここで意図的に「アプローチされる」という言葉を使ったのは，後で論じることになるが，それが人間を異なった仕方で理解することの問題ではないからである。つまり，課題とされるのは，むしろ存在の問題なのである。このことをとおして，私は，教えることについての異なる理解を発展させる可能性を生み出そうとするだけでなく，教えるということ——もっと正確に言えば，教えられるという経験（Biesta 2013a）——が，人間の存在にとっていかに重要なものを表すかということを示すことにしたい。これによって，単なる教育上の未解決問題や，学校にかかわる未解決問題よりも実際に危機にあるのは，教えることと教師の消滅の中にあるということを示すことができる。

　私の議論の根底をなしている構造はかなり単純なものであるが，その詳細はより複雑なものであると認める。私は，伝統的な教授に対する批判がおよぶ範囲は統制としての教授に対する批判であり，その批判は伝統的な教授では生徒が教師の介入の客体としてのみ現れ，その人自身のものとしての主体としてはけっして現れることがないことを示した点で，教育的に有効なものであるという主張から始めることにする。それから，生徒と彼らの学習——解釈と了解の行為として理解される——に焦点をあてることでこの問題を克

服することができるという示唆は，失敗するということを論じる。なぜなら，そのような解釈と了解の行為というのは，たとえ世界を「経由して」起こったとしても，自己から発するだけでなく，自己へと立ち戻るエゴロジカルな構造をもっているからである。そのような理由から，解釈と了解の行為の中では，自己はいまだ主体としては現れることがなく，環境に対して客体であり続けるリスクをともなうことを示唆する。したがって，より哲学的な観点で示すのは，私たちが主体であることが意味作用の行為をとおして構成されるのではないということである。私は，この洞察をエマニュエル・レヴィナスの研究から得ている。レヴィナスは本章の着想の起点になっている。レヴィナスとともに，私たちが主体であることが，むしろ「外部」から呼び覚まされるものであり，「語りかけられること」の「出来事」と関係するということを示唆する。そのことは，私が「超越（transcendence）」というテーマを論じる理由でもある。この出来事の中で，教えることの異なる意味がそれ自体明らかになる。本章で（再）発見しようとするのは，このような教えることの意味についてである。

エゴロジカルな世界観を克服する

この章では，エマニュエル・レヴィナスの二つの文献を取り上げて進めることにする。私の見解では，レヴィナスはエゴロジカルな世界観の限界を示すことにもっとも貢献した哲学者である。それは，自己完結的なエゴあるいは意識としての自己（の存在の前提）から開始して，そこから「主体の外部」（Levinas 1994）にあるすべてを主題にする考え方である。しかし，レヴィナスの思想というのは，振る舞いの単なる反転なのではなく，私が別のところで「主体性の倫理」（Biesta 2008）と呼んでいるものに近い。主体性の倫理の観念は，二つの側面があることを示唆している。第一に，レヴィナスが知識よりも倫理をとおして人間の主体性の問題にアプローチしたことである。言い換えれば，主体についての理論や，主体とは何かについての認知的な主張というものはないのである。だが，このことは第二の側面をも意味する。そ

3章　教えることの再発見

れは，レヴィナスの著作を，倫理的であることや倫理的に行為することの問題について記述し処方しようとする伝統的な倫理哲学や倫理学理論として読むべきではないということである。つまり，レヴィナスの主体性の倫理において問題になるのは，人間が主体であることの問いであり，主体として存在するとは何を意味するのかという問いなのである。

　レヴィナスは，人間が主体であることの謎について何かを捉えようとして豊かに湧き出る言葉の量に比べると，むしろ控えめに，「主体性を倫理学的な観点から記述する」とだけ書いている（Levinas 1985, p. 95）。すでに1章で触れたように，この試みにおいて鍵となるのは，応答責任というものが「主体性の本質的で主要かつ基本的な構造」（p. 95）であるという彼の示唆である。しかし，彼は，ここでいう応答責任が「すでに先立って存在するものを補完するものではない」（p. 95）と強調している。つまり，主体が最初に存在して――自己完結的でエゴロジカルな主体として――，それから応答責任に出会ったり，応答責任を引き受けたりするのではない。むしろ，レヴィナスが言うように，「主体的なものの結節点は応答責任として理解される倫理において結びつくものである」（p. 95）。また，ジークムント・バウマン（Bauman 1993, p. 13）の非常に有用な言葉にしたがえば，応答責任というのは「自己の最初の現実」として現れる。それは，いわば自己が自分自身を見つける瞬間であり，正確に言えば，自己が問題となるような瞬間である。というのも，その応答責任において，自己は「交換不可能なもの」（Levinas 1985, p. 101）だからである[3]。

---

3) 最近の論文で，ジャオ（Zhao 2015）は，人間が主体であることの問いへのレヴィナスのアプローチに対する私の実存論的な読み方にいくつかの疑問を提起している。彼女は，それを人間主義（ヒューマニズム）についての議論の文脈で行っている。私は，Biesta（2006）で詳細に論じたように，（哲学的）人間主義とは人間の主体についての真理を明らかにする試み，すなわち人間とは何かを定義する試みであると考えている。そうした定義が人間を固定的で自己閉鎖的であると見るか，あるいは開放的，相互主体的で，つねに更新し続けるものであると見るかは，重要な問題ではない。言い換えれば，人間主義をめぐる問題は，人間の主体をどのように定義するのが望ましいかについてではなく，人間の主体の「本質」を定義することが可能であり，そうすることが望ましいと考えることそれ自体なのである。これが，私がレヴィナスの倫理学的なアプローチを評価する理由である。なぜなら，それは人間の主体とは何かを定義しようとはしないが，どのような状況において，私が主

69

レヴィナスの主体性の倫理を人間の主体についての理論として理解すべきでないというのは，エゴロジカルな思考や存在の仕方を克服しようとする際には，いくらかの困難があることをすでに示している。たとえば，自己は社会的な起源をもつと論じることによって，主体について異なる理論や異なる真理を提起しようとしても，結局，私たちは理論レベルで自己を中心の外に位置づけようとしているだけであり，なおも中心から，つまり私たちがそのような理論を提起する中心から，そうしているにすぎないのである。したがって，私たちは「真理を提起することができる中心が存在する」ということを強力に主張するが，それはまさに「そのような中心は存在しない」と断定的に否定することなのである。レヴィナスがこの困難な問題にどのように向き合ったかを議論する前に，とくにエゴロジカルな前提の役割を示すために，教育の現代的な解釈において普及している動向として私が考えるいくつかの事柄について述べておきたい。

ロボット掃除機, 学習環境, 解釈学的な世界観について

現在，普及している教育のイメージの特徴を示す一つの方法として，ロボット掃除機の観点をあげることができる。ロボット掃除機によって，現代の教育や教育についての考え方が理解できるというのは，学習の言語に対する私の批判について疑問を提起した学習科学の研究者との会話の後で思いついたものである。学習の言語への私の批判について，その研究者は，ある程度学習それ自体の考え方に対する批判として読んでいた（前章で説明したように，それは正しいとも思うのだが）。したがって彼が聞いたのは，知的な適応システムの研究の何が間違っているのか，という疑問であった。私は，そうしたシステムをそのようなものとして研究することは何も間違っていないと喜んで譲歩したけれども，私の問いは，そのようなシステムが教育関係の中にある生徒の適切なイメージを提供してくれるかどうかにある。そして，知

体であることが問題となるのかを考えようとするからである（1章を参照）。

3章　教えることの再発見

的な適応システムとはどのようなものかをイメージしようとして，真っ先に思いついたのがロボット掃除機であった。ロボット掃除機を思いついたのはおそらく，フランス語でこの機械は「自律ロボット（aspirateurs autonome）」として知られているからである。私の（教育的な）注意を引いたのは，とくに「自律（autonome）」という言葉であった。では，ロボット掃除機は，普及している教育のイメージについて何を明らかにしてくれるだろうか。

　ロボット掃除機についてまず興味深いのは，部屋に掃除機をかけるという自らの仕事を，自律的に自分自身で実際に行うことができる点である。だが，おそらくもっと興味深いのは，ロボット掃除機を何度も使っているうちに，より効率的に仕事ができるようになることである。というのも，ロボット掃除機は，自分が仕事をする特定の部屋に対して——知的に——適応することができるからである。もしロボットが仕事をするパターンが，最初はむしろ行き当たりばったりであるか，あるいはもっと正確には，それらがプログラムされた特定のアルゴリズムによって動いている場合でも，何度も使っているとロボットが働く環境に合わせて適応するようになる。したがって，ロボット掃除機は学習することができるのであり，あるいはもしそう言いたければ，環境に合わせて知的な方法で適応することができるのである。ロボット掃除機は外部からのいかなる介入もなく掃除をすることができる点で，ロボット掃除機の学習は自律的なものである。しかし，このことは，ロボット掃除機の学習が外部から影響を受けることがないということを意味するのではない。ロボット掃除機が外部からの影響を取り込み，もっと多くの異なる事柄を学習するには，ロボットを異なる環境に置くことによって，異なる環境条件に適応させる必要がある。一定の範囲の異なる部屋に適応したロボット掃除機は，自分自身を適応させる仕事をし，ロボットが配置されたどんな新しい環境にも適応する仕事をより効率的に行うようになると言うこともできるだろう。ロボット掃除機の学習は生涯にわたる仕事である。〔ロボット掃除機を取り巻く〕それぞれの新たな状況が新たな課題を提示し，より多くの知的な適応を要求する一方で，ロボットは新たな状況に適応することに，より熟練され，効率的になるかもしれない。

ここまでのロボット掃除機の説明は，現在，普及している教育のイメージの一つ，あるいはおそらくそれ自体についてかなり正確に描き出していると信じている。これは，教育を学習者中心の試みとして捉えるイメージである。そこでは，究極的には学習者が自らの理解を構成し，自らのスキルを形成するのであり，そうしたプロセスが生じるように配置を提供するのが教師の主な仕事になる。このような状況では，教師は実際に何も伝達することはしないが，その代わりに生徒の学習を促進するために彼らの学習環境をデザインすることになる。同じように，生徒は受動的な知識の吸収ではなく，能動的に適応し構成することにかかわるようになる。そして，このことをとおして，生徒は将来のさまざまな状況にうまく適応するようなスキルとコンピテンスを獲得するのである。これはまた，カリキュラムの意味と位置づけを変更させる。カリキュラムというのは，もはや伝達され獲得されたコンテンツとして存在するのではなく，もっと柔軟かつ個別化された方法で，生徒が自分に合った独自の学習履歴を追求する「学習機会」のセットとして再定義されるようになる。

　このような教育のイメージは現代的なものであるけれども——それによって，私は多くの文脈や場面で現代の教育実践を形作っていると言おうとしているが——，この理論的な枠組みは新しいものではない。たとえば，その枠組みはオートポイエーシス（自己創出）のシステム理論に見ることができる。これは環境との絶え間ない相互作用の中で自分自身を再生させるシステムについての理論であり，ウンベルト・マトゥラーナとフランシスコ・バレーラの生物学において開発され（たとえば，Varela, Maturana & Uribe 1974; Maturana & Varela 1980 を参照），ニクラス・ルーマンの社会システム理論によって展開された考え方である（Luhmann 1984; 1995）。ルーマンの研究の鍵となる識見は，オートポイエーシスのシステム（たとえば，人間一人ひとりなど）が互いのオートポイエーシスに参加することができないということにある。このことが意味するのは，たとえば彼らは互いの適応活動や認知構成に加わることはできず，代わりに互いのオートポイエーシスには間接的な影響を与えるような形で，互いの環境の中で「現れる」ということである。おそらく，前

3章　教えることの再発見

述の観念の根底にある考え方を示す例としてもっとも有名なのは，ジョン・
デューイの研究であろう。実際，行為，コミュニケーション，学習について
のデューイの理解は，彼が用いた表現にしたがえば，生命体が環境と絶え間
なく相互作用を行い，行為と経験のプロセスをとおして絶えずダイナミック
な均衡を確立しようとするという見解を基盤にしている（たとえば，Biesta &
Burbules 2003; Biesta 2009b を参照。デューイの哲学的な論考については，Dewey
1925 を参照）。デューイの著作には，「私たちはけっして直接的に教育するの
ではなく，環境をとおして間接的に教育する」という主張が確かに見られる
のである（Dewey 1966 [1916], p. 19）。

　このような見方の根底にある人間学，すなわち人間と，世界に対するその
関係についての根底にある考え方の特徴を示すとすれば，それを解釈学的人
間学，あるいはもっと広範には，解釈学的な世界観と呼ぶことにしたい[4]。
そのような表現を用いるのは，ここでは人間が第一に意味を形成する存在と
して，つまり解釈と了解の行為をとおして，世界——自然の世界と社会の世
界——にかかわる存在として立ち現れるからである。そうした行為は，自己
から発するのであり，世界を「経由して」，また自己に回帰するものである。
それは文字どおり世界を解釈する行為であり，前章でも論じたように，世界
を全体（com）において把握（pre-hendere）する行為である。そうした了解
の行為，つまり解釈学的な行為において，世界は，私たちの意味形成，理解，
解釈の対象として立ち現れる。

　これによって，物事が本当にどのようなものであるかを簡単かつ直接的に
確認することができるかもしれない。言い換えれば，解釈学的な世界観が真
理であり，知識とコミュニケーションの理解だけでなく，そうした前提にも
とづいて倫理，政治，教育の理解をする必要があると主張することができる
かもしれない[5]。しかし，一方で，解釈学的な世界観について，必然的であ
るように見えるほど本当にそうなのかを，しばらく立ち止まって考えてみる

4）解釈学への言及は，この表題の根底にあるすべての位置と見解を「含む」わけではない。
　解釈学の概念の使用がレヴィナスから示唆を受けていることは，後で明らかにすること
　にしよう。

73

こともできるだろう。それは，解釈学的な世界観の範囲の内側では，何が理解できないのかを問うことによって可能になる。

　ここで二つの問題を提起してみたい。第一に，解釈学的な世界観では，世界は，自然の世界でも社会の世界でも，それ自身の言葉で，またそれ自身の言葉にもとづいて話すことができるかということである。第二に，解釈学的な世界観では，私たちは話しかけられることができるか，つまり語りかけられることができるかということである。私が提案したいのは，解釈学的な世界観は，これら二つの選択肢を排除しているように考えられるということである。しかし，これから明らかにするように，それらは解釈学的な世界観の二つの異なる限界として捉えることが重要である。その理由は，解釈学的な世界観は，私の理解に内在する世界を描き出すという事実にある。そのような理解というのは，「そこにある」世界をつねに私の側に連れ戻すことを目的にした，私の了解の行為なのである。そうした了解の行為は対象をもっているけれども——解釈学はファンタジーでも純粋な構築でもない——，その対象はつねに私の意味作用の対象として現れ，その意味で，私の意味作用の行為に依存し続けるのである。次の二つの節では，レヴィナスの二つの短く複雑な文章をとおして，議論の二つの側面について取り上げることにする。それは，内在性の問いと意味作用の問いである。

開けの中の開け——意味作用と意味について

　レヴィナスは，論文「意味作用と意味」（Levinas 2006）[6]で，意味作用について，つまり広くは意味形成の行為として捉えられるものの可能性の限界と

---

5) 私は，プラグマティズムが——とくにデューイとミードの研究——この「プログラム」のもっとも発展した例の一つを提供していると言う衝動に駆られる。したがって，この章では，プラグマティズムの世界観と，教育の理論と実践を含めて，その世界観から生じたすべての限界を探索するものとして読むこともできる。この「プロジェクト」に対する私の批判は，下記を参照（Biesta 2016）。

6) 異なる英訳書では，「意味することと意味（"Meaning and Sense"）」とされている。（Levinas 2008 を参照。フランス語の原書は 1964 年に "La Signification et le Sense" というタイトルで出版された。）

3章　教えることの再発見

条件の両方について探究している。レヴィナスが提示する重要な議論の一つ
は，彼が「意味作用に関する現代哲学の反プラトン主義」（Levinas 2006, p. 18）
と呼ぶものに関係している。レヴィナスは，意味作用についてのヘーゲル学
派，ベルクソン哲学，現象学の中に反プラトン主義を捉えるが，それは，彼
が述べるように，「知解可能なもの〔感覚によって近づける現象面の世界に
対して，知性によってのみ理解可能な形而上の領域に属する〕は生成変化す
るものが示すものの外部で思考しえないものである」（*ibid.*）という主張に関
係している。すなわち，それは「思考を導く反映——歪められたり，忠実で
あったりするが，賢明なものでもある——を飛び越えて思考が到達すること
ができるような意味作用それ自体というのは存在しない」（*ibid.*; 強調は原文ど
おり）という考え方のことである。もう少し具体的な言葉で言えば，「表現
力に富んだすべてのものやすべての多様な文化は，私たちを本質的で知解可
能なものから引き離す障害ではもはやなくなり，（その代わりに）唯一の可
能な道筋であり，代替不可能で，それ自体知解可能なものと関係する」（p.
18）という考え方である。

　このように，レヴィナスは完全な内在性の状況について記述している。そ
こでは，私たちのすべての意味形成やすべての意味作用は，文化と歴史の内
部で生じ，そのような文化的で歴史的な文脈や枠組みからその意味が引き出
されるのである。彼は，これを反プラトン主義と特徴づけている。というの
も，プラトンにとって，「意味作用の世界はそれが表現する言語や文化に先
行する」（強調は引用者）ので，それは「この世界に思考を存在させるように
考案された記号の体系とは無関係である」（Levinas 2006, p. 18）からである。
レヴィナスの主張では，プラトンは，「移り変わり，表面上は子どもじみて
見えるような歴史文化の本性を理解できる特権的な文化」（pp. 18-19）の存在
を信じている。そのような特権的な文化は，意味作用に意味を付与し，意味
作用の意味を形成すると言うことができるかもしれない。レヴィナスは，意
味作用に関する現代哲学では，この選択肢はもはや可能だとは考えられてい
ないということを示唆している。その代わりに，私たちが見出すのは，「表
現に対する知性の服従」（p. 19; 強調は引用者）である。すなわち，私たちが話

75

し表現できるすべての事柄は，現存する文化的で歴史的な言説と文脈の中で，あるいはそれらをとおして表現されるのであり，そのような言説と文脈から意味を獲得するのである[7]。

　レヴィナスにとって，これは，意味作用がどこから意味するものや意味を獲得するのかという場所の問いにかかわる哲学的な問題を提起しているだけではない（この点は後で論じる）。それは，コミュニケーションがどのように実現可能なのかの問いにかかわる実践的な問題を提起してもいるのである（この点についても後で論じる）。それはまた，喫緊の政治的な問題も提起する。なぜなら，レヴィナスが言うように，この「もっとも新しく，もっとも大胆で影響力のある人間学は，多様な文化を同一のレベルで維持するからである」(Levinas 2006, p. 20)。レヴィナスによれば，意味作用に関する現代哲学は，文化的，歴史的な相対主義に陥ることになる。その完全な内在性，すなわち現存する文化的，歴史的な「構成」への完全な埋め込みとそれへの依存によって，意味作用の現代哲学は，「意味がわかる」ものと「意味がわからない」ものの区別を可能にするような，意味作用のさまざまな行為の「質」について判断する基準を欠いているのである[8]。レヴィナスによれば，意味作用の現代哲学は，「文化的な意味作用の多様性の中で満足している（se complait）」(pp. 25-26) だけであり，「〈他人〉との関与の否定」(p. 26) であることを自ら宣言しているのである。しかし，まさに後者の「運動」の中に

---

7) レヴィナスの思想についての私の議論では，彼が用いた言葉が，彼が伝えようとした事柄にとって重要であるという立場から，レヴィナス自身の公式にかなり近いものを使用することを試みている。ここでレヴィナスが話している要点は，現代の議論において，文化相対主義あるいは歴史相対主義の問いとして知られるものについてである。つまり，私たちが知ることができるすべてのもの（あるいは，少なくとも私たちが知ることについて表現できるすべてのもの）は，私たちが表現し知ることの中で，またそのことをとおして特定の文化的，歴史的な枠組みと関連するという考えである。

8) 「意味形成」という言葉は，問題が解釈の一つにすぎないように聞こえるかもしれない。もちろん，これは事実ではない。ここで問われているのは，ファシズムやヒトラー主義のような「制度」（用語と問題については，Levinas 1990 [1934] を参照。また Critchley 2014 も参照）は，何らかの方法で批判されうるものなのか，それとも私たちが言うことができる唯一の事柄は「完全な意味」を形成する前提それ自体の内部でなされるのか，という問題である。

こそ，レヴィナスは開けを見て取るのである。

　ここで，レヴィナスの議論の組み立て方には二つの次元がある。彼は，それぞれの流れにそって二つの事柄を確証しようとする。第一に，意味作用は「〈文化（Culture）〉の前に位置づけられる」ものであり，第二に，それは「〈倫理（*Ethics*)〉に位置づけられる」ものである。倫理とは，「すべての〈文化〉とすべての意味作用の前提」である（Levinas 2006, p. 36; 強調は引用者，大文字は原文どおり)[9]。レヴィナスによれば，〈他者（other）〉への関与を拒絶するのではなく，それが「方向づけ」を提供し，意味の起源となるのは，まさしくその関与をとおしてなのである（p. 26)。第一段階として，レヴィナスはこの方向づけを「同一的なものから，絶対的に他なるものである〈他人（Other)〉へと向かう動き」であると言い表している。レヴィナスが言うように，「〈同じもの〉から〈他なるもの〉へと自由に赴く」この方向づけは，彼が「作品／業（Work）」と呼ぶものである（p. 26; 大文字は原文どおり)。だが，〈作品／業〉というのは完全に〈他者〉に中心があるので，「それ以降も同一的なものであり続ける蓄えがはっきりとした扇動として考えられるべきではない」。レヴィナスの言い回しでは，〈他者〉への関与[10]は，自己が影響を受けないのでも変化しないでいるのでもなく，また「他者性が私の考えへと変換される世界へと見知らぬ世界を変質させる（中略）技法に類似したもの」（p. 26）として考えられるべきものでもない。それは，私が別の方法で記述したところでは，〈他なるもの〉を自分の理解へともたらす解釈学的な「振る舞い」と呼んだものである。このことは，レヴィナスが〈作品／業〉について「〈同じもの〉から〈他なるもの〉に向かう運動はけっして〈同じ

---

9) したがって，倫理的な出来事の出現——もっと正確には，倫理的な要求に対する直観——は，意味作用に意味を付与するのである。詳しくは，後で論じることにする。

10) 私は，レヴィナスからの直接的な引用でのみ，〈他人（Other）〉を大文字のOで表し，それ以外の箇所では，〈他者（other）〉と記した。その主な目的は，〈他者（other）〉とは何であり，誰であるのかという問いとの出会いはどちらかと言えば日常的な経験であり，大文字のOの使用が示唆する特別な何かではないことを示すことにある。私はまた，autre（他者）とautrui（他人）——大文字のOを用いるOtherは後者を意味する——という二つのフランス語の単語の区別を表すために大文字のOを用いていることに気づいている。

もの〉へと回帰することがない」と理解されるべきだと主張する理由である（p. 26; 強調は原文どおり）。

　贈り物についてのデリダの分析（たとえば，Derrida 1992a, 1995 を参照）に類似した考え方は，レヴィナスを次のような見解に導いている。〈作品／業〉というのは，作業を「する」人からの「活動の完全な寛大さ」を要求するだけでなく，そのために「〈他人〉からの忘恩」をも要請する。そこでは，〈他者〉は，〈作品／業〉に感謝することによってそこに「回帰する」のではなく，作品を費用対効果や，支出と見返りといった経済的な計算の循環に連れ戻すことになるだろう（Levinas 2006, pp. 26-27）。レヴィナスは次のように書いている。「〈他人〉への絶対的な方向づけとして——意味として——，作業は忍耐においてのみ可能である。限界まで押し出された忍耐は，行為者が作業を成就する同時性を断念し，〈約束の地〉に入ることなく行為することを意味している」（p. 27）。それは，贈られたものに対する何らかの見返りを期待することのない贈り物である。レヴィナスが作品について最終的に提示する言葉は，典礼／公共奉仕（*liturgy*）である。それは，「最初の意味作用の中で，任務を行うことが完全に無償であるだけでなく，実行者に損失を出しても投資することを求めることを意味する」。レヴィナスが「倫理そのもの」（p. 28）と呼ぶのは，この「報われない作品」のことであり，私たちが見返りを受け取ることを期待せずに行うもののことである。

典礼，欲求，欲望

　典礼／公共奉仕が本当に何の見返りもなく，私たちに戻ってくるものも何もないにもかかわらず行われる作品／業だとすれば，レヴィナスが主張するように，それを——よいことをしたり，他人のケアをしたりするような——私たちがもつだろう何らかの欲求を満たすものと考えたり，そうした状況で欲求を満たすことによって私たちが受け取る「見返り」になるものと考えたりしないことが重要である。この文脈で，レヴィナスは欲望の概念を導入する（Levinas 2006）。だが，ここでいう欲望とは，それが満たされるものとし

て理解されるべきではない。レヴィナスが「〈他人〉への〈欲望〉——社会性——とは欠如のない者の中で現れ、もっと正確には、自らの欠如や満足を超えたところで現れる」と書くのは、そのためである（p. 28）。欲望において、自我は、「〈自我（エゴ）〉と自分自身との最高の同一化をそこなう仕方で」〈他者〉へと向かうのである（p. 28）。したがって、このような欲望というのは、非エゴロジカルなものである。

　しかし、「私たちがもっとも普通の社会経験の中で感じるもの」とレヴィナスがいう「〈他人〉への欲望」（Levinas 2006, p. 30）に対して、私たちはどのように「アプローチ」すべきなのだろうか。レヴィナスは、「現代哲学の言語分析はすべて、解釈学的な構造を強調しているし、正当にもそうしている」（p. 30）と述べる。すなわち、現代哲学において、私たちが〈他者〉にアプローチするのは、意味作用の行為であり、〈他者〉を理解し意味をはっきりとさせようとする行為であると理解されているのである。それに対して、レヴィナスは「第三の選択肢」にしたがっている。そこでは、〈他者〉は、「私たちが表現する文化的な作品の協力者や仲間ではなく、芸術生産の顧客でもなく、その人に向けて表現を表現する対話者なのである」（p. 30; 強調は引用者）。私たちが最初の重要な「開け」を見出すのは、まさにここである。レヴィナスは、意味作用について、エゴロジカルな行為でも、自我が意味を生み出す振る舞いでも、世界に「向けて」自己から発生する表現でもないと示唆している。言い換えれば、意味作用は解釈学ではないのである。というのも、「存在を称賛する以前に、表現とは私が表現を表現する人との関係」だからである（p. 30; 強調は引用者）。

　そのため、「私に出会う」〈他者〉は、「表現された存在の全体性には含まれない」。なぜなら、そうした場面では、〈他者〉は私の意味作用の「産物」であり、私が構成するものになるからである。〈他者〉は、むしろ「私が表現するものを表現する相手として、あらゆる存在の集まりの後ろで」現れるものである（p. 30）。そうであるがゆえに、レヴィナスは、対話者としての〈他者〉の現れをとおしてのみ、「意味作用のような現象が自らを自らで存在へと導き入れる（ことができる）」と主張するのである（p. 30）。このことは、

対話者として，すなわち私が表現を表現し，「表現という私の文化的な振る舞いが生み出されるように，その存在が要求される相手」として，〈他者〉が「文化的な意味作用でも，単なる所与のものでもなく」，むしろ「根本的に意味／感覚」であることの理由である（p. 30; 強調は原文どおり）。ここでは，レヴィナスにとって「意味／感覚」とは，意味作用に意味を付与することであり，そこから進んで，私たちの人生に方向づけを与えるものであることを思い出す必要がある。レヴィナスは，この「転換」が「新しい仕方でプラトン主義に回帰することを意味する」と強調するが（p. 37），この点についてはもう一つ別のことを後で論じる。レヴィナスにおいて，この「転換」は「それぞれが自らの文脈で正当化する無数の同価値の文化のサラバンド」（p. 37）の範囲を越えていくものである。レヴィナスは，「文明についての倫理的な判断」（p. 37）を認める同様の研究をしたフッサールを称賛する一方で，「直観的超越論的意識の中の文化的世界への（中略）現象学的還元と構成を主張する」という「フッサールがたどったのと同じ道を歩む必要はない」（p. 37）と述べている。レヴィナスが示唆するのは，「意味作用の正確さ」へと向かうには異なる通路があるということである。すなわち，「知解可能なものの出現が道徳性の正確さと作品の中で生み出される」という考えをとおして向かう通路である（p. 37; 強調は引用者）。それは，典礼／公共奉仕として理解されるものである。

第二の開け

　したがって，レヴィナスが示唆しているのは，意味作用が「自己の最初の現実」ではないということである。別の言い方をすれば，私たちは自らを意味形成する動物や学習者として理解すべきではなく，「意味形成」が意味をなすのは他者との出会いにおいてだけだということである。レヴィナスにとって，この出会いは根本的に倫理的な出会いである。そこは，何かが「問題となる」出会いであり，私，すなわち私が主体であること，私の主体としての存在が問題となる出会いである。だが，この章を結論に導く前に，レヴィ

3章　教えることの再発見

ナスの考え方のもう一つの側面を取り入れる必要がある。それは，どのようにコミュニケーション——レヴィナスの言葉でいう「対話」——が可能かを問う前述の問題に応えるものである。それは，どのように他者が実際に対話者になるのかという問いに関係する。私は，ここにおいて第二の開けが生じることを示そうと思う。

　レヴィナスは，〈他者〉の現れが——現れという言葉は，〈他者〉が現れるという仕方で，文字どおりに受け取られるべきもの——，彼の強調する「解釈学，注釈」という「〈他人〉の了解」の行為をとおして，「当然，すべての意味作用が生み出される仕方で（中略）生み出される」ということを認めている（Levinas 2006, pp. 30-31）。けれども，〈他人〉は私の意味作用の産物や結果としてだけ私に到来するのではない。結局のところ，もしそれが本当だとすれば——〈他者〉は，私が自らの意味作用をとおして現れることができるようにするから現れるにすぎないとすれば——，意味作用は，それが倫理的な質をもっていたとしても本来の出来事にとどまっているのである。このことは，たとえ他人によいことをしたり，他人のケアをしたりしたいという意図からくるものであっても，そうなのである[11]。現象としての〈他者〉の現れ，つまり私の意味作用の産物としての〈他者〉の現れに加えて，「〈他人〉の公現」というものもある。それは，レヴィナスが言うところの「世界から受け取る意味作用とは独立して」（Levinas 2006, p. 31）それ自体意義をもつ公現である。〈他者〉は，「文脈から私たちのところにくるだけでなく，媒介なくそれ自体を示すのである」（p. 31）。レヴィナスが「顔」と呼ぶのは，媒介なく私たちに現れるものであり，この顔の公現を彼は「訪れ」と呼んでいる（Levinas 2006, p. 31 を参照）。だから，顔は，その意味作用を「壊し」，イメージを「壊す」ものだと言うこともできる。それは顔が話しかけてくるところの「変形」（Cohen 2006, p. xxxi）のプロセスであり，「第一に現れの背後から，

11）このことは，当然，ケアの役割とケアの倫理についての重要な問いを提起することになる。レヴィナスの著作の「メッセージ」は，他人のケアをすべきだというものではないことをもう一度述べておくことにしたい。レヴィナスの著作から発せられるもので，「べき」にかかわるものは何もないとさえ言うことができる。「べき」というのは，私に由来するものだけである。

81

つまりその形態の背後から到来してくる仕方で――開けの中の開け――」
(Levinas 2006, p. 31) 話しかけてくるものである。

　しかし，顔は一般的に話すことがない。その言葉が「世界を明らかにする
ことはない」のである（Levinas 2006, p. 31）。むしろ，顔は私に話しかけてく
る。顔は私に語りかけてくる。顔は私に呼びかけ，「それによって，訪れの
倫理的次元を表すのである」(p. 32)。レヴィナスが主張するように，「顔の現
前が意識の利用を阻む反駁できない命令――指令――を意味する」(p. 32) た
めに，「意識がその最初の場所を失う」(p. 32) のは，まさにここにおいてで
ある。それは中断の瞬間である。レヴィナスは，この瞬間に意識が顔から問
い直されるが，この問い直しが「問い直しの意識からくるのではない」(p.
32) ということを理解することが不可欠だと強調している。というのも，こ
の場合，再び意味作用は語りかける前にやってくるものだからである。この
ことが，レヴィナスが「問い直しの意識ではなく，意識の問い直し」(p. 33)
であると強調する理由である。したがって，この訪れは「〈自我（エゴ）〉の
自我主義（エゴイズム）そのものを転覆させる」(p. 33)。けれども，これは
〈自我〉の破壊に及ぶのではなく，私たちが脱中心化と呼ぶものに達すると
いうことを理解することが重要である。それは「〈私〉／〈自我〉」が唯一の意
義を獲得するものである。レヴィナスが説明するように，応答責任は「自ら
の帝国主義的な〈自我〉を空虚なものにする（よりも），〈自我〉の唯一性を
確認する」のであり，それは「誰も私の代わりに答えることができない」と
いう事実の中にある唯一性を示すものである (p. 33)。「〈自我〉にとってその
ような方向づけ」を再発見することは，「自我と道徳性を同一視することを
意味する」(p. 33)。それは，主体としての〈自我〉の道徳的な「起源」であ
り，私が主体性の倫理の観念においてまさに表現しようとしてきたものであ
る。

　基準，コミュニケーション，意味作用の起源

　ここまでレヴィナスの議論の詳細について記述してきたのは，この考え方

3章　教えることの再発見

が意味作用の現代哲学と彼が言及したものの問題にどのように対処するのか
を示すためである。これらの問題は，意味／感覚の問いであり——意味作用
はどこから意味を獲得するのか——，コミュニケーションの問いでもあり
——コミュニケーションはどのようにして根源的に多元的な世界において可
能なのか——，基準の問いでもある——私たちが意味作用（のシステムと伝
統）を評価することを可能にするのは何なのか——。レヴィナスの考え方は，
これら三つの問いに対する答えを提供してくれる。しかも，彼の考えは，そ
れぞれの問いに別々に答えるのではなく，重なりつながり合う仕方で答えて
くれる。一つの重要な洞察というのは，意味作用がエゴロジカルな行為や達
成ではなく，私が表現を表現する人，すなわち表現が表現する人との関係か
ら構成されることを観察したことにある。このように，意味作用は，特定の
「出来事」や他の存在との「出会い」から意味を引き出すのである。この関
係において，〈他者〉は私の意味作用の対象として現れるのではなく，対話
者として現れる。〈他者〉の「現れ」が公現の問題であるのはそのためであ
る。しかも，現れるものは，〈他者〉のイメージ——〈他者〉は私の意味作
用の「産物」である——ではなく，レヴィナスが顔と呼ぶものである。

　顔が私の意味作用の産物ではないのと同様に，顔の公現は私に対する〈他
者〉の意味作用の問題でもないことを理解しておくことは重要である。顔が
私を主題化することもなければ，顔が私を意味作用の対象にすることもない。
むしろ，顔は私に話しかける。さらに，顔が話しかける言葉は，私が受け取
ろうとする〈他者〉が公現することではないという点も重要である[12]。こ

12）ここでは，レヴィナスとハイデガーの距離について詳細に論じる余裕はないが，私の
　見解では，これが二人の間に距離が生じ，レヴィナスがハイデガーを決定的に越えてい
　く一つの重要な点になるところのように思われる。簡潔で大まかに言えば，ハイデガー
　とレヴィナスは二人とも意味作用について同じような問題を考えているけれども——す
　なわち，意味作用はエゴロジカルなものであり，自己に方向づけられ，つねに自己に回
　帰するものである——，ハイデガーが意味作用に代わるのは私たちが話しかけ配慮する
　ものを受け取る受容であると提案するのに対し，レヴィナスは自己完結した意味作用に
　代わるのは私たちに話しかけ，私たちに語りかけ，私たちを選び出し，応答を呼び出す
　ものの事実の中にあると示唆する。純粋な受容というのは，究極的には基準がないので
　あり——何に配慮すべきかを「選択したり」判断したりする基準がない——，したがって，
　レヴィナスは受容から応答責任へと「移動する」のである。そこでは，私にとって問題

83

こで鍵となる考えは，顔が私に話しかけてくるということであり，正確に言えば，顔の言葉が私に語りかけてくるということである（ここでは，顔が語りかけることと，顔が私に語りかけることの両方を強調する必要があり，それは他の誰でもない，単数の私であり，1章ですべてそれを第一人称で言及したのもこうした理由によるものである）。それは，私の帝国主義が中断される語りである。そこでは，私の意識が問い直されるのであり——「顔が視覚化する意図の方向性を失わせる」（Levinas 2006, p. 33）——，私は呼びかけに応答しない自由をもっているにもかかわらず，応答に呼びかけられるのである。〈自我（エゴ）〉が意味作用を獲得するのは，この瞬間であり，この倫理的な出来事においてである。というのも，それはいかなる意味作用をも超えて／その前に／その外部で現れるものだからである。

　要するに，レヴィナスが探究してきた基準は，ここでは倫理として現れるのである。コミュニケーションは，意味交換の問題ではなく，語りの中に起源があり，語りかけられることの中に起源がある。意味作用が意味を獲得し，意味作用が可能になるのは——レヴィナスが提供する正確な公式では，意味作用が存在の中にそれ自体を導き入れ，それが現実のものとなるのは——，語りかけられることの倫理的な出来事においてなのである。

啓示，超越，倫理

　この章の最初に論じた教えることの問いに戻る前に，レヴィナスの「ユダヤ教の伝承における啓示」（Levinas 1989; 原著は 1977 年にフランス語で出版）というもう一つの短い文献について簡潔に取り上げることにしたい。この文献でも，レヴィナスは解釈学的な世界観に対する批判を提起するが，多少異な

であるのは，どのように受け取り保持するかではなく，私から聞かれたものは何かを聞くことなのである（もう一度強調しておくべきことは，私にという単数であり，一般的な誰かではないということである）。ハイデガーとレヴィナスの距離は，先に私が解釈学的な世界観の二つの異なる問題を確認したことの理由である。その二つというのは，どのように世界がそれ自体の言葉で話しかけることができるかだけでなく，どのようにして私たちが話しかけられることができるかということの問題である。

る言語形態と語彙を用いている。この文献は，啓示の可能性についての神学的な問いを扱っているので，多少異なるというより，根本的に異なると言う人もいるかもしれない。私はこの問いと「意味作用と意味」の主題を，より連続性のあるものと捉えている。レヴィナスは，両方の文献で，内在性への批判と超越の議論について述べている。それは，私たちが生きる中で起きるすべての事柄が私たち自身の行為と意味形成をとおして生じるのではなく，私たちにいわば外部から到来する「事柄」もあるという考えについての議論である。

　この文献の主題が内在性の克服にあることは，レヴィナスが「根本的な問い」は「啓示とされるものの内容よりも，〈啓示〉と呼ばれる（中略）実際に起きた事実に関係する」（Levinas 1989, p. 191）と冒頭の文章で述べていることからも明らかである。レヴィナスは，この事実そのものが「最初の内容で，もっとも重要で，どのような啓示においても現れるものである」（p. 191）と論じることによって，さらに一歩前進している。啓示についての重要な点は，その外部性である。すなわち，啓示というのは，私たちに到来するものであり，私たちが構成したり解釈したりするものではないという事実である。レヴィナスが，どのように私たちが「理性と称される人間の能力に打撃を与える〈啓示〉のしるしという『外部性』を理解する」（p. 192）ことができるのかを問うのはそのためである。「これらの真理としるしは，もしそれらがこの世界の中で対等なものではないとすれば，どのように私たちの理性に打撃を与えることができるのだろうか」（p. 192）。

　この問いに対する答えの一部は，「〈啓示〉への読者の参加」（Levinas 1989, p. 194）という考えの中にある。一見すると，これは解釈学を舞台に戻すことになる解釈の議論のように思われるが，レヴィナスは啓示を解釈学に還元するのではなく，啓示と自己の間のいくらか異なる関係を考えている。彼は，「その言葉は他のどこかから，すなわち外部から到来する（けれども，と同時に）それを受け取る人の中で（生きている）」（p. 194）と記している。言い換えれば，レヴィナスは「外部性が現れることができる（唯一の）『場』は人間の存在の中にある」（p. 194）と示唆している。しかし，彼は，ここでい

う人間の存在が「聴くこと以上のことをする」(p. 194) と付け加えている。レヴィナスがこれを解釈学の観点から理解していないということが明白なのは，彼が外部から到来するメッセージというものが「『自由な』理性と衝突する」ために到来するのではなく，「その代わりに『主観的印象』の偶然性に還元することができない唯一的な姿を身にまとって」(pp. 194-195) 訪れると論じるときである。むしろ，「〈啓示〉は意味を生み出す特定の仕方をもっており，それは私の中の唯一のものを呼び起こすことである」(p. 195)。〈啓示〉は，前節の言葉で言えば，私に話しかけるのであり，もっと正確には，私に語りかけ，私に呼びかけ，私を呼びつけるものである。

このことは，レヴィナスがよく知られた文言で，「私の唯一性は，誰も私の死の瞬間に私の代わりとなることができないように，誰も私の応答責任を引き受けることができない（という意味で），〈他者〉に対する私の応答責任の中にある」(Levinas 1989, p. 202) と強調する理由である。これによって，レヴィナスは自由のまったく異なる概念について述べている。それは，自分がしたいと思うことをすることができるリベラルな自由ではなく，「自由であること」が「〈至高なもの〉に従う」ことを意味するように，「他の誰も私の代わりに行うことができないことを（する）」(p. 202) 自由である。

これは，レヴィナスを「内在性の断絶そのもの」(Levinas 1989, p. 204) としての主体であることという考えに連れ戻すことになる。だが，この断絶はどのように理解されるだろうか。理解というのは，まさにこの断絶が理解されえ・な・い仕方であると言うこともできる。というのも，もし外部から到来する断絶が「思考しうるもの」だとすれば，それは解釈学的な振る舞いによってすでに「安全に」なされており，もはや断絶が存在しなくなるからである。レヴィナスは，ここでの困難が「理性を世界の可能性に相関し，安定性と同一性に対応するものとして考える習慣から生じる」(p. 205) と述べている。彼はそれ以外の仕方がありうるかを問うている。「知性がその力をはるかに超えた何かに出会い，それによって知性の破壊を引き起こすような，経験上の傷ついた動揺の観点から知性を説明することができるだろうか」(p. 205)。

啓示というものを理性に対する真理の啓示とみなす限り，これらすべての

ことは本当には理解できなくなる。しかし，レヴィナスはまったく異なる選択肢を考えている。それは，「『あなたができる』ことを考慮することなく，『あなたがしなければならない』ことを指令する可能性について考える」（Levinas 1989, p. 205）という選択肢である[13]。この場合において，レヴィナスは「力を超えるということが理解できるものになる」と主張する。なぜなら，断絶に相当する種類の理性は「実践理性」（p. 205）のことであり，それはレヴィナスが結論づけるように「私たちの啓示のモデルは倫理的である」（p. 206）ことを意味しなければならないからである。ここでは，「命令」や「服従」といった概念が重要な役割を果たすことになる（Levinas 1989, p. 206を参照）。だが，服従というのは，「普遍的なものが意志に指図する立場の中に突如見出すような定言命法と同じものではない」（p. 206）とレヴィナスは考えている。それはむしろ，「隣人に対する愛やエロスなき愛，身勝手でないこと，この意味では，服従される愛」（p. 206）に由来するものである。

　この「服従される愛」は，「隷属を求めない他律，理性をなおも保持する受容的な耳，聴く者を疎外することのない従順」の可能性をほのめかすものである。言い換えれば，外部から私たちに到来するすべてのものを単に受容すべきだという格言を主張するのではなく，私たちはなおも何を「中に入れ」，訪れるものにどのように応答するかの責任を保持しているのである。レヴィナスは，「還元不可能な超越を認めることに向けた動き」が「今日の哲学の職業によって保たれている理性の支配的な概念」（p. 207）の中で生じることはないと気づいている。彼がこのことによって考えているのは，自己から始まり，意味形成の観点から自己と言葉との関係を捉える解釈学的な世界観と私が先に述べてきたものである。「この思考の力の核となる堅固さを裂くことができるものは何もない」。レヴィナスは，「主題としての対象を身動きできなくさせる思考」（p. 207）と書いている。それは，了解しようとするものそれ自体を破壊するリスクを抱えた全体性において対象を把握するものである。

13）この考えについては，5章でまた触れることにする。

これは〈他者〉との倫理的な関係とは異なっている。〈他者〉は，「人間が知識を探し求めるときに人間を取り囲む外部性とは異なり，（中略）内部性の中の内容へと変形することができない（が），関係が維持される（間は），『了解不可能なもの』であり続けるものである」(Levinas 1989, p. 207)。それゆえ，「啓示のパラドックス」についてレヴィナスが主張する解決策は，「〈他人〉に無関心でない態度のうちにあり，（中略）その関係によって人間が『自己』になる」(p. 207) 外部性との関係に向けたモデルを見つけることにある。したがって，倫理は「超越に値するモデルを提供する」(p. 207)。「〈同じもの〉——同一性の中で活気のないもの」(p. 209) は，〈他者〉によって目覚めさせられるのである。

教えることの再発見

私は，この章を伝統的な教授へのあまりに一般的で皮相的な批判——その批判は現代の教育思想の新たなドグマとなったかのように思われる——に対する批判的な問いから始めた。私は，この批判がどのようにして教えることと教師の消滅と，学習への転換を導いていったのかを示した。それは，教師がファシリテーターとしてのみ存在し，それ以外では自律的な学習プロセスだけがあるというような転換である。教師は，「壇上にいる賢人」から「〔学習者の〕傍らにいる支援者」になり，そしてある人たちによれば，「〔学習者の〕後ろにいる仲間」にさえなってしまったように思われる。学習への転換が生じた理由は，「伝統的な」教授が統制の行為として理解されたことにあるように考えられる。このことは，学習への転換の観点から教えるということに肯定的な意見を主張する人びとの動機に注目すれば明らかである。というのも，彼らがそう主張するのは，教えるということが個人と社会の秩序を維持したり回復したりすることを目的とした強力な統制の行為であることを望んでいるからである。秩序というのは必ずしもわるいものではないけれども——問題は秩序を必要とするかしないかではなく，いつどこでどんな種類の秩序をどんな目的で必要とするかであり，たとえば，法秩序は非常に重要

であるということが考えられる——，統制としての教授という考えが問題であるのは，そのような関係の中では，生徒は主体として現れることはなく，客体であり続けることにある。人間が主体であることに関心のない世界では，このことは当然ながら問題とはならない。問われているのは，これが私たちの望むべき世界であるかどうかなのである。

　しかし，この章で示された考えから生じるのは次のことである。すなわち，統制としての教授という考えに対する応答として提唱される選択は学習の考え方であり，具体的に言えば，意味形成や意味作用としての学習の考え方であるが，それは意味作用の行為において，学習者が主体として現れることができない点で同じ問題に直面するということである。なぜそうであるのかを理解する一つの方法は，意味作用の行為が自己から発し——私が述べてきたように，世界を「経由して」——，自己へと回帰することと関係している。意味作用は，中断されることがなく，いつもすでに自己とともにあり，それ自体で充足する点で，自己を自己のうちにとどめるものである。このことに目を向けるもう一つの方法は，つねに変化する周囲の条件に適応し順応する現在進行中の試みにおいて，自己が適応しようとする環境に相対する客体のままであり続けると主張することである。そのような創造的な適応の行為は自己が生存するのを助けるかもしれないが——そして，現代の言説のかなりのものが，たとえば未知の将来の中で生き残るためのスキルの獲得の必要性といったように，生存についてであることは注目に値するが——，自己が存在する（誰かの外部に存在するという，文字どおりの意味で）可能性に帰着することはない。別の言い方をすれば，自己が適応しようとする環境が，自己が適応すべき環境であり，適応する価値のある環境であるかどうかという疑問は，けっして生じないのである。自己——順応的で適応的な自己と言うべきかもしれないが——は，何に適応するかを評価する基準を自己自身から生み出すことはできない。こうして，適応するものに対して「客体」として「捕えられる」のであり，それは私がロボット掃除機のイメージでもって明らかにしようとした問題なのである。

　レヴィナスが解釈学的な世界観への批判をとおして創造した「開け」が意

義をもつのは，この点においてである。それは，私たちが主体であることが解釈と適応の行為をとおした内部－外部の関係から構成されるのではなく，私の内在性の中断や，私自身とともにある私の存在や私の意識の中断あるいは断絶として，外部から呼び出されるものであることを示している。これまでに示してきたように，これは私が〈他者〉を解釈する瞬間でもなければ，〈他者〉を聴く瞬間でもない。それはまた，〈他者〉が私を理解する瞬間でもなく，この点で完全に意味作用の範囲の外部にあるものである。それはむしろ，〈他者〉に私が語りかけられる瞬間であり，レヴィナスの言葉で言えば，他者が「私の中の唯一性を（呼び出す）」瞬間である。では，この語りかけられるという出来事は，教えることと教えられる経験についてのまったく異なる，そしてより重要な説明を提供してくれるだろうか[14]。

結　語

　これらの考えに照らすことではじめて，なぜロボット掃除機のような知的な適応システムという考えが教育関係における適切な生徒像を提供しないのかを理解することができるかもしれない。これまで述べてきたように，そのような知的な適応システムは学習することができ，環境に適応し順応することもできる。この点で，意味作用が可能だとされることになる。一方で，けっして起こりえない「事柄」，その世界でけっして「訪れる」ことのない「事柄」というのは，〈他者〉が語りかけることであり，教えられるという出来事である。そうしたシステムは，学習することができるけれども，教えられることはできないし，教えることを受容することもできないのである。
　ここで，私たちは，教えるという出来事についてのまったく異なる説明に

---

14) 私は，「教えること」と「教えられること」を区別している。というのも，この議論の困難だが重要な問題は，教師が教える権力をもっているのか，あるいは教えられるという出来事は教師が完全に与えうるものでも，生徒が補強するものでもないにもかかわらず，教育関係に訪れるかもしれない贈り物として理解すべきなのかという問いに関係するからである（この点は，Biesta 2013a で詳細に論じている）。こうした考えを徹底的に議論したい読者は，Zhao（2014）を参照。

出会うことになる。教えるということは，生徒が客体としてしか存在しないような権力の行使と秩序の確立という統制を目的とするものではなく，生徒の自我（エゴ）中心主義，つまりそれ自身とともにそれ自身のためにある存在が中断されることで，生徒が主体であることが呼び覚まされるものである。このことは，教えるということが世界の中でまったく異なるところに私たちを配置するというだけではない。教えるということは，まず世界の中に私たちを配置することであると言うこともできよう。教えるということは，レヴィナスの用語を用いれば，私たちの「欲求」を中断させるのであり，1章で導入した言葉で言えば，私たちの欲望を中断させ，この意味で私たちの欲望に束縛されたり決定されたりもする仕方から私たちを解放することで，私たちを私たち自身の外部へと引き出してくれるのである。教えるということがそのようなものになるのは，私たちが望むものが，私たち自身と，私たちが他なるものや他者とともに生きることの両方にとって，本当に望ましいものであるかどうかの問いを導入することによってである。

　このように教えるということは，生徒を客体に解消するのではなく，生徒が主体であることに関心を寄せるのであり，したがって権威主義的なものではない。しかし，それは権威主義を否定することによって権威主義を克服するのではない（そのことが意味するのは，生徒を完全に彼ら自身の装置，つまり彼ら自身の意味作用としての学習のままにしておくことである）。教えるということが権威主義を克服するのは，まったく異なる関係性を築くことによってである。これは権威（authority）の関係性である。というのも，私たちが望むものから私たちが望ましいと考えるものへと移り変わる中で，私たちは他なるものや他者に権威を与えるのであり，あるいは少し違った言葉で言えば，私たちは他なるものや他者を著者（author），つまり私たちに話しかけ語りかける主体にすることによってそれを権威づける（*authorize*）のである。

　私たちは，伝統的な教授に対する批判が形成される現在の方法の中では欠落しているように思われる選択にたどり着いた。すなわち，統制としての教授に対する批判が即座に自由としての学習の考えに帰着する現在の方法では，

欠落してしまうような選択である。これまでのページで，私が論じようとしたのは，異なるオルタナティブが可能で<ruby>あ<rt>・</rt></ruby><ruby>る<rt>・</rt></ruby>ということだけではない。私が示唆してきたのは，異なるオルタナティブが可能で<ruby>あ<rt>・</rt></ruby><ruby>る<rt>・</rt></ruby><ruby>べ<rt>・</rt></ruby><ruby>き<rt>・</rt></ruby>だということである。なぜなら，統制としての教授を意味作用の自由とされるものに置き換えるのであれば，私たちは実際には生徒の不自由を強化するだけだからである。意味作用の行為において，生徒たちは彼ら自身であり続け，つねに彼ら自身へと回帰するのであり，生徒が世界の中に訪れることもなければ，（彼らが）主体であることを達成することもけっしてないのである。こうした考え方は，教えることに対する非エゴロジカルなアプローチの輪郭を描き始めることになる。それは，自我（エゴ）を強化することを目的とするのではなく，自己‐主体となるように，自我‐客体を中断し，それを世界へと向けるようにすることを目的としたアプローチである。

92

4章 無知な教師に惑わされないで

　少なくとも一見したところでは，教えることの再発見の実現がもっとも難しくなるであろう地点は，教育における教えることと積極的に解放を進めようとする教師の役割とに関係する。そこには結局のところ，まさしく解放を，教師やより広く教育者からの避難，あるいはもっと強い言葉で言うと逃亡とみなす伝統が長くある。その観点から見ると，教えることと解放が互いに関係をもつと仮定することは少なくとも反直感的である。けれども，これがまさに私がこの章において探究しようとすることである。私は，ドイツ版と北アメリカ版の批判的教育学，およびパウロ・フレイレとジャック・ランシエールの著作とともに，解放の教育における教えることと教師の役割に関する問いを取り上げる。私が示すように，それぞれの場合において，私たちは教育が解放，すなわち教育される者の自由を目指しているという考えを支持する力強い議論を見出すだけではない。それぞれの場合において，私たちはまた，教えることと教師の役割についての明快な，しかし非常に異なった考えを発見することができるのである。

　この章における私の目的の一つは，解放の教育における教師の役割についての異なった考え方と，これが解放それ自体についての理解と解放の教育のダイナミクスにいかに関連しているのかを明らかにすることである。しかし，この章を執筆する動機はまた，解放の教育に関する最近の議論においてランシエールの著作のやや問題のある受容と私がみなすものに端を発する。これらの受容においては，ランシエールの『無知な教師』の主要なメッセージが，誰しもが教師なしで学ぶことができることと，ある一つの解放の瞬間または解放の瞬間そのものを構成するであろういわゆる学習する自由であると理解されている。その自由とは，レヴィナスの言葉でいう意味作用の自由である（この議論については，Pelletier 2012; Biesta & Bimgham 2012，また Stamp 2013;

Engels-Schwarzpaul 2015, 本章の後半を参照)。以下においては，ランシエールの著作のこうした解釈に挑もうとする。そのために，『無知な教師』の重要なメッセージはむしろ，解放の教育は，知っている教師から（まだ）知らない生徒への知識の転移の問題ではないが，それでもなお，教師と彼らの教えることが無視できないプロセスであると議論する。

　ここでは，とくにランシエールのエッセイ『解放された観客』（Rancière 2009, chapter 1）に焦点をあてるのだが，何が議論を複雑にさせているかというと，ランシエールの後期の著作において，教えるという行為に向き合う中で生徒やほかの観客らが自らの意味や理解を構成する自由に焦点をあてることによって，ランシエール自身がこのメッセージを「忘れてしまった」ようであり，また解放する教授（emancipatory teaching）の議論を解放への学習の議論に変化させてしまっているように思われるという事実である[1]。教育の解放に関する議論へのランシエールの比類のない貢献と私が考える事柄に，そのような構成主義者の解釈がいかに反するかも明らかにすることで，私はさらなる詳細とともに，なぜ，そしてどのように解放の教育において教えることが無視できないのか，またなぜ無知な教師が与える知識をもっていないがために，何も教えることがなく，それゆえに排除される場合もあるという考えに私たちが惑わされるべきではないのかを明確にすることもできるだろう。

解放の問題としての教育[2]

　文化と歴史への関与をとおした個人の完成は，ギリシャのパ̇イ̇デ̇イ̇ア̇（παιδεία〔教養〕）の思想と，人̇間̇形̇成̇（*Bildung*）の思想における観念において，とくに顕著な考え方である（とくに重要な議論については，Klafki 1986;

---

1) ランシエールによるアルチュセールの著作への取り組みにおける類似した「問題」については，Lewis（2012, p. 31）を参照。そこにはまた，ランシエールの学習観の問題もある（Hallward 2005; Citton 2010 を参照）。ランシエールによる取り組みのこの側面についての議論は，この章が扱う領域を超える。
2) 本節と次節で，Biesta（2010b, 2014）において発展させた考えを要約する。

94

Heydorn 1972 を参照）。一方で，教育が文化と歴史への関与をとおした個人の完成にのみにかかわるものではなく，究極的には自律的な主体としての個人の存在（Drerup 2015）と，したがって個人の解放に関与しているという思想は，少なくともルソー以降の近代の教育経験の一部であった（Løvlie 2002）。パイデイアは，市民としての自らの自由をさらに促進させる自由な人間のための教育であり，その点で，肉体労働者と職人，つまりバナウソイ（βάναυσοι〔古代ギリシャ語 βάναυσος の複数形。卑しい仕事をする人，肉体労働者，職人の蔑称〕）のために意図された教育（Jaeger 1945）の対極に立つとすれば，近代の経験において，教育はすでに自由な者たちにのみに向けられたものというよりも，自由をもたらすべきプロセスであるとみなされるようになった。したがって，これらの考え方にそって，教育は結果的に自由になることのプロセスとみなされるようになった。

　このように自由になることに教育が資するかもしれない方法に関心をもっている著者がいる一方で，このように自由になるために教育が必要であるとより強く主張する著者もいる。しばしば引用される「『啓蒙とは何か』の問いに答える」という論文の冒頭の一文において，カントは，啓蒙を人間が「自ら招いた未成年の状態から抜け出すことである」とし，未成年の状態あるいは未熟な状態を「他人の指示なしには自分の理性を用いる能力がないこと」（Kant 1992 [1784], p. 90）と定義する。このカントの一文は，とくに教育に関する彼のエッセイにおける，人間は教育をとおしてのみ人間となることができ，人間は教育がつくるもの以外の何者でもないという主張と結びつけられる際に，後者のアプローチのわかりやすい例となる（Kant 1982, p. 701)[3]。

　ここから，子ども中心的あるいは心理学的と呼ばれるであろう系譜と，もう一つの社会中心的あるいは社会学的と呼ばれるであろう系譜の二つの考え方にそって解放の勢力が展開した。第一の系譜は，子どもの外部にある社会秩序への適応が子どもを堕落させるというルソーの明察にしたがっている（Løvlie 2002）。これは，子どものための選択は社会に反する選択しか意味し

---

3) ドイツ語では，"Der Mensch kann nur Mensch werden durch Erziehung. Er ist nichts, als was die Erziehung aus ihm macht." (Kant 1982, p. 701)。

ないという考えを導いた。この考え方は，19世紀末から20世紀はじめに向けて，ドイツの独立した学問的領域としての教育学の成立において重要な役割を果たした（Biesta 2011b を参照）。それはまた，その頃「進歩主義教育」や「新教育（ドイツ語で Reformpädagogik，英語で New Education，フランス語では éducation nouvelle）」といった名のもとに出現した，教育における子ども中心の形態の中核をなしている。これらの展開は，さらに自然概念としての子どもと，「贈られたもの」としての子ども，また社会的，歴史的，政治的用語として理解されねばならないものではない子どもを作り出した理論によって支持された。

　ドイツの文脈では，もっぱら子どもに重点を置いた理論と実践が，ナチズムやファシズムを含む多岐にわたるイデオロギー体系に簡単に加えられてしまったことがわかったとき，解放の教育についてのこの理解の限界が，痛ましいまでに鮮明になった（たとえば，Klafki & Brockmann 2003 を参照）。第二次世界大戦後に，ヘルヴィック・ブランケルツやクラウス・モレンハウアーといったドイツの教育者および教育学者が，ドイツにおいて批判的教育学（kritische Pädagogik）として知られるようになったものを発展させるために，ユルゲン・ハーバーマスの初期の著作を含むマルクス主義およびネオマルクス主義の思想を参照したのは，このような理由からである（たとえば，Mollenhauer 1976 [1968] を参照）。ジョージ・カウンツなどの「社会再構成主義〔カウンツの社会再構成主義は，教化（indoctrination）をとおしてより平等で民主的な社会に再構築することを目指す〕」の教育者の取り組みにおける先駆者を踏まえてではあるが（Stanley 1992 を参照），約20年後の北アメリカにおいて，類似した一つの取り組みが，批判的教育学という名のもと，マイケル・アップル，ヘンリー・ジルー，ピーター・マクラーレンといった著者らの研究をとおして現れた。教育の，そして教育のための批判理論として，批判的教育学のこれらの形式における解放への関心は，「脱神話化」や「教条主義から自由になること」（モレンハウアーとマクラーレンの両者によって用いられた用語である。Mollenhauer 1976 [1968], p. 67; McLaren 1997, p. 218 を参照）をもたらす願いをともなって，抑圧的な構造，実践，理論の分析を重視した。

4章　無知な教師に惑わされないで

解放の近代的論理とその矛盾

　この考え方から出てきた解放の観念においては，解放は権力の抑圧的な作用から自由になることであると考えられている。したがって，解放へのプロセスの重要な段階は，権力の働きの暴露，すなわち脱神話化によって構成される。というのは，権力がいかに働き，それがいかに私たちに働きかけるのかを知ってはじめて私たちは自分自身と他者を解放することができると考えられているからである。マルクス主義の伝統が解放の観念に付け加えたのは，イデオロギーの観念である（Eagleton 2007 を参照）。そしてこれが，批判的教育学および解放の教育学にも決定的な影響を及ぼした。イデオロギーの考えに表されているきわめて重要な洞察の一つは，すべての思想は社会的に決定されるだけでなく，何よりイデオロギーが「この決定を否認する」（Eagleton 2007, p. 89）思想であるということである。後者の主張は，フリードリヒ・エンゲルスの虚偽意識の観念，つまり「行為者をつき動かす現実の動機は，行為者に知られていない」（Eagleton 2007, p. 89 からエンゲルスの引用）という考えに関係している。

　イデオロギーの困難な問題とは，まさに意識における権力の働き方のために，権力が自らの意識にどのように働くのかを私たちは理解することができないという主張にある。これは，自らを権力の働きから自由にするためには，自らの意識に権力がどのように働いているのかを明るみに出す必要を示唆するだけではない。それはまた，私たちが解放を達成するためには，権力の働きにさらされていない意識をもつ他の誰かが私たちの客観的な条件についての説明を与える必要があるということも意味する。そうすると，この考え方によれば，究極的には，解放は私たちの客観的な条件についての真実を前提としている。その真実は，イデオロギーの影響の外部に位置する誰かによってしか生み出されない。マルクス主義の伝統においては，この位置は科学や哲学によって占められていると考えられる。この考え方は，解放を抑圧的な権力構造およびプロセスから自由になることとみなす解放について固有の論

97

理をもたらす。のみならず，それは解放の教育について固有の論理をももたらす。その論理とは，前述のように「脱神話化」と「教条主義から自由になる」行為をとおして，抑圧的な権力構造とプロセスから自由になることをもたらそうとするものである。

　解放の近代的論理への手がかりは，解放とは，克服されるべき権力に服従していない解放者による外部からの特定の介入を必要とするという考えである。この介入は，脱神話化の形式，つまり被解放者の客観的な条件がどのようなものであるかを彼らに開示する形式をとる。これは解放をある者に対してなされるものにしてしまうだけではなく，解放は解放者と被解放者の間に想定されている不平等にもとづくということを明かす。この不平等は，解放が達成される，あるいはもたらされている未来にのみ解決されるであろうものである。おそらく，解放の近代的論理のこの描写の中に固有の教育学を認めることは，それほど難しくはないだろう。教師が生徒の客観的な条件を知っているのがこの教育学である。したがって，そこでは生徒が最終的には教師のようになるという願い，もっと正確に言えば，自らの客観的な位置と条件について無知の状態から，教師がすでにもっている知識や理解に似た知識と理解の状態へ生徒が移行するという願いをもって，この条件を説明することが教師の課題となる。このような状態は，平等の状態として言い表されるかもしれない。

　別のところで詳しく論じているように（Biesta 2010b, 2014），解放の近代的論理は，問題を孕まないわけではなく，また矛盾がないわけでもない。一つの問題は，解放は，人が解放され自由になることを目指しているにもかかわらず，実際には解放の行為の核となる部分で依存を組み込んでいることである。結局は，被解放者は自分自身の自由を得るために，解放者による「強力な介入」に依存するのである。本章の議論において重要なことは，被解放者の客観的な条件について解放者が知っていると主張する知識にこの介入がもとづいていることである。その知識とは，解放が「到来する」前には，被解放者には隠されている知識である。これは，解放の近代的論理が被解放者の経験に対する不信から始まることを意味する。この論理は，私たちは自分た

98

ちが見たり感じたりするものを実際には信じられず，実際に何が起こっているかを自分たちに教えてくれる他の誰かを必要とすることを示唆する。

　古典的マルクス主義において，マルクス主義哲学者はこの全知の地位を占めることができるとされてきた。一方，私たちの時代においては，しばしば心理学と社会学が，私たちの頭の中——あるいは最近ではしばしば脳の中——や社会生活の中において実際に何が起こっているのかを明らかにできると強く主張しながらこの場所を占めていることに気づく（Rancière 2010, p. 4）。この解放の論理のもとでは，私たちが「物事の曖昧さのヴェールをとり」，「曖昧な深みから澄み渡った水面に運び，逆に水面の誤った見せかけを理性の秘密の深みに戻す」（Rancière 2010, p. 4）誰かを必要とすることをランシエールは強調する。それによって，彼はここで何が起こっているかをよく捉えている。私たちは解放の近代的論理をただちに否定すべきではない。しかし，少なくともそれが取り組んだ固有の課題と，それが取り組んだ際に用いた固有の「枠組み」を理解しようとするべきである。とはいえ，自由になることへの願いと，頭と生活の中で実際に何が起こったのかを教えてくれる誰かを必要とするという主張の間にある明らかな緊張関係は，解放の近代的論理との出会いがとりわけ教育的に実行に移された際には，すぐさま「エンパワーされたように感じ」（Ellsworth 1989）ないのはなぜなのかを説明するうえで役に立つかもしれない。

パウロ・フレイレ，解放，被抑圧者の教育学

　解放の近代的論理の矛盾は，パウロ・フレイレが「銀行型教育」と呼ぶものと強く共鳴する。「銀行型教育」とは，生徒が「教師により『満たされる』『入れ物』」となり，教えることが「生徒が金庫で教師が預金者である『預金する行為』」となる教育の様式である（Freire 1993, p. 53）。銀行型教育が解放および解放の教育の近代的論理の中核として現れるという事実は，フレイレの独自の構想がこれといかに異なるのかという興味深い問いを提起する。その問いは，近代の批判的教育学の「カノン」におけるフレイレの位置を考え

るととくに重要なものである（たとえば，Lankshear & McLaren 1994 を参照）。私が示したいと願う決定的な違いは，フレイレによる抑圧の理解，つまり私たちがそこから解放される必要のある抑圧についての理解と関係する。

　フレイレにとって抑圧は，ある人間または人間の集団による他の人間または集団に対する権力の行使ではなく，むしろ疎外の状況に関するものである。確かに疎外は，他者や他の集団に行使する不当な権力の帰結でありうる。しかし，不当な権力の行使自体はフレイレが乗り越えようとするような種類の抑圧を構成するものではない。フレイレはむしろ，人間が人間であることを妨げられるような状態を抑圧と定義する。あるいは，抑圧とは，人間が「より十全に人間」（Freire 1993, p. 39）であることから妨げられる状況であると表現する傾向がある。このことは，自由になることを人間化のプロセス，すなわちより十全に人間になるプロセスであるとフレイレが特徴づけることを説明するだけではない。それはまた，フレイレが抑圧者の権力から被抑圧者を自由にすることを追究せず，抑圧者と被抑圧者が「責任ある〈主体〉として歴史的プロセスに参加」（Freire 1993, p. 18）できるように，抑圧者と被抑圧者という連動するアイデンティティにおいて非真正で疎外されて存在するあり方から，両者を解放することを求めるのはなぜかも示す。これはフレイレの教育学が，強力な介入によって被抑圧者が釈放される被抑圧者のための教育学ではなく，被抑圧者の教育学であることの理由である。そして，フレイレが幾度にもわたって強調するのは，「被抑圧者の偉大な人間主義的で歴史的な課題は自分自身を解放し，同様に抑圧者をも解放することである」（Freire 1993, p. 26）[4]。

　フレイレにとって，真正な存在は，他の誰かの行為における客体としてで

4）フレイレの文献の繊細な読解において，ルイス（Lewis 2012）は，フレイレの著作のこの特別な側面に注意を払っていないように見える。またそれによってルイスは抑圧を被抑圧者に対する抑圧者（ら）による不当な権力の行使とするネオマルクス主義的な理解に自らを寄せてしまっている。それによって，主要な解放の「行為」は，脱神話化の行為となる（たとえば，Lewis 2012, p.104 を参照）。本章で議論しているように，神話化は，フレイレの解放の教育の全体的な構想において役割を果たすものの，解放の基本的な論理は抑圧的な権力の克服ではなく疎外の克服という観点から考えられている。

はなく，むしろ自分自身の行為の主体として存在するやり方である。したがって，真正な存在は自由を問題とする。けれども，フレイレにとっての自由とは単にやりたいことをするだけの問題ではなく，自律と責任を包含する問題である（Freire 1993, p. 29; Lewis 2012, pp. 82-86 も参照）。さらに，客体ではなく主体として存在することは，純粋に自分のために，そして自分として存在することを意味しない。フレイレは，「世界と人間は別々に存在するのではなく，絶え間ない相互作用の中に存在している」（Freire 1993, p. 32）ことを強調する。フレイレにとって，人間主体と世界の相互作用は，行為と省察の両方を必要とする。「世界を変革するために働きかける世界に対する人間の行為と省察」は，彼が実践と呼ぶものである（Freire 1993, p. 60）。したがって，実践は主体としての真正な存在を特徴づける。フレイレが主体としての真正な存在を「被抑圧者の新たな存在理由」（Freire 1993, p. 48）であり，自らの疎外された存在の仕方を克服した後に実現するものであると考えるのはそのためである（以下の議論を参照）。

　疎外としての抑圧に関するフレイレの理解は，銀行型教育に対する彼の批判が，学習に関する欠陥理論により特徴づけられた構想としての教育の伝達の構想に関する一般的な不平とはなぜ違うのかを規定している。銀行型教育は本当の理解ではなく暗記へと導き，「言葉が具体性を失い，空虚な，疎外され，また疎外する饒舌さとなる」（Freire 1993, p. 52）学習の浅はかな形式につながる，とフレイレは論じている。とはいえ，彼の批判は，銀行型教育が間違った理論に依拠しているから，私たちが生徒を受動的な受け手ではなく，能動的な構成者とさせておくことができるならすべての問題は解決できるというものではない。彼はむしろ，銀行型教育においては，生徒は自立した人間の主体としてではなく，教師の行為の客体としてしか現れることができない，とより深い地点でむしろ示唆している。銀行型教育においては，「生徒がただの客体でしかないのに対して，教師は，学習プロセスにおける〈主体〉である」（Freire 1993, p. 54）。したがって，解放の教育は「教師と生徒の矛盾」を強調することから始める必要がある。彼の考えによると，それは「両者が同時に教師でありかつ生徒であるように矛盾の両極を調和するこ

101

とによって」（Freire 1993, p. 53; 強調は原文どおり）なされる。

フレイレの被抑圧者の教育学における教師の役割

　したがって，解放についての近代的論理の問題へのフレイレの応答は，教師の終わりを告げるもののように思われる。結局，銀行型教育を特徴づける教師と生徒の矛盾を克服するためには，抑圧的で人間性を奪う関係性に自らを閉じ込めるアイデンティティ自体を教師と生徒の両者が放棄する必要がある。代わりに，教師と生徒はフレイレが対話と呼ぶ関係性に従事する必要がある。

　対話を通じて，生徒にとっての教師と教師にとっての生徒は存在することをやめ，新しい関係が現れる。すなわち，生徒としての教師と教師としての生徒である。教師はもはや単に教える者ではなく，生徒との対話においては教わる者であり，教えながらにして教わる者でもある。教師と生徒はすべての者が成長するプロセスにおいて一緒に責任をもつようになるのである（Freire 1993, p. 61）。

　フレイレの語彙においては，銀行型教育が共同の実践に，つまり（かつての）抑圧者と（かつての）被抑圧者の両者にとっての真正な人間存在に転換されたと言う方が的確ではあるが，フレイレは銀行型教育を共同の学習，共同の発見，知識の共同的な創造に変えることによって（抑圧的な）教師と生徒の関係を解消したと言えるだろう。教師が知識を保持し，生徒は教師が話す内容を単に記憶するという状態はすでにない。代わりに両者は，探究の集合的行為に参加する。それは，「人間化に向かう」「分かち合いと友愛」（Freire 1993, p. 66）への探究である。

　したがって，フレイレの手にかかると，教師は探究の仲間，言い換えれば，つねに自らの生徒とともに実践し変容する行為と反応の過程に参加する者に変容する。ここでは，教師は客体に知識を保存する主体ではなく，他の主体とともにある主体である。同様の過程において，生徒は「従順な聞き手」であることをやめ，「教師との対話における批判的な共同研究者」となるので

102

4章　無知な教師に惑わされないで

ある（Freire 1993, p. 62）。この状態では，「誰も他の人を教えているのでもなければ，独学しているわけでもない」とフレイレは論じている（Freire 1993, p. 61）。

この段階で，銀行型教師は姿を消し，仲間の探究者としての教師が現れる。その一方で，仲間の探求者としての教師がフレイレの取り組みにおいて存在する唯一の教師の姿ではないということを認識することは重要である。フレイレの著作においては，少なくともあと二つの「教師」の姿が見出されなくてはならない。このことは，いかに異なるアイデンティティが調和されるかという興味深い問いを提示する。ここで重要なのは，仲間の探究者として，そして他の主体との実践にかかわる主体として教師の姿を理解することが，教師と生徒の矛盾が解決されている状態を表しているということである。言い換えれば，それは疎外以後の状態を言い表しているということである。しかし，解放の教育への重要な問いは，この状態がどのように見えるかではなく，いかにその状態に行き着くであろうかであり，教師と生徒の矛盾が解決されるような状態へ向けて教師に何かできることがあるかどうかである。

この問いに関してフレイレが繰り返し主張する第一の点は，抑圧は銀行型教育をとおして克服できないということである。たとえば，「間違った寛容さ」や「パターナリズム」といった形をとる振る舞いは，「それ自体が抑圧を維持し，具体化する」（Freire 1993, p. 36）ため，「被抑圧者の教育学は抑圧者をとおして発展，ないし実践されるものではない」（p. 36）。このことが明らかにするのは，解放の近代的論理と教育的状況におけるその実施を特徴づける矛盾をフレイレがよくわかっているということであり，そして被抑圧者と抑圧者の両者を自由にすることの「偉大な人間主義的で歴史的な課題」が被抑圧者とともにあり，彼らとともにあらねばならないとフレイレが主張する理由である（p. 26）。

しかし，「もし自由への教育の実施が政治的な力を必要とし，被抑圧者がそのような力をもっていないとしたら」，これは「革命に先立って」いかに被抑圧者が自由への教育学を実現できるのかという問題を提起する，とフレイレはただちに付け加える（Freire 1993, p. 36）。この困難な問題へのフレイレ

103

の応答は二つある。第一に，彼は「自由主義者の教育」を二つの段階に分ける。第一段階においては，「被抑圧者は抑圧の世界を明らかにし，実践をとおして変革に献身する」。第二段階においては，「抑圧の現実がすでに変革され，（それによって）この教育学は被抑圧者に属するものではなくなり，永続的に自由になることのプロセスにおいてすべての人の教育学となる」(p. 36)。

　しかし，これはフレイレの応答の第二の部分であるが，「第一段階の教育学」は別の問題ともかかわらねばならない。それは「被抑圧者の意識」(Freire 1993, p. 37) の問題であり，克服されなければならない必要のある抑圧の関係性そのものにより形作られた意識の問題である。これは「被抑圧者が，自分たちが抑圧されていることに気づいていない（中略）ということを必ずしも意味しない」とフレイレは強調しつつも，「それにもかかわらず被抑圧者としての彼らの自己認識は抑圧の現実の中で従属により衰えてしまう」(p. 27)。「この現実に隠れて」，「被抑圧者は彼らがその内在化した抑圧者の利益に資する『命令』をはっきりと認識することはできない」(p. 44) とフレイレは述べる。

「革命的な指導者」としての教師

　では，どのようにこの状態を変えることができるだろうか。これはおそらくフレイレの理論においてもっとも注意を要する側面である。なぜなら一方で，被抑圧者が彼ら自身の歴史の主体になるように教えられなければならないという考えに彼は反対したいからである[5]。しかし他方では，「抑圧された意識」が，被抑圧者が自らの歴史の主体であると理解することを妨げるため，「より十全に人間になるという存在論的かつ歴史的な使命に」携わるように，何らかの方法で被抑圧者は「促される」(Freire 1993, p. 48) 必要がある。すなわち，「省察」が「空論的な革命」にならないように「省察——真の省察——は行為に導く」という前提にもとづき，「具体的状況における省察」

――――――――――

　5) ここがまさにランシエールが少し不安に感じているところであると議論できるだろう。

4章　無知な教師に惑わされないで

に携わるよう被抑圧者は「促され」なければならないのである（p. 48）[6]。

　フレイレは，上記に二点を追加する。第一には，「その結果が批判的省察の対象となる場合においてのみ，すなわち『批判意識』をもたらす場合においてのみ，行為は真正な実践を構成するだろう」（Freire 1993, p. 48）という点である。第二には，真正な実践を「促す」者に特別な名前をつけ，「革命的な指導者」と呼んでいる点である（たとえば Freire 1993, p. 49 を参照）。そう言うにもかかわらず，フレイレは，被抑圧者を抑圧から連れ出す指導者はおらず，被抑圧者とともに変革への行為および省察，すなわち実践にかかわる指導者たちがいるのだと強調する。「革命的な指導は，（中略）ともに意図された教育を実践しなければならない。その教育においては，現実に対して共通の意図をもつ教師と生徒（指導部と民衆）は，両者とも〈主体〉である」とフレイレが書く理由がこれである。教師と生徒は，「その現実のヴェールを剥ぎ，それによって現実を批判的に理解する課題においてだけではなく，現実についての知識を再創造する課題においても」〈主体〉である。それは，すなわち両者が自らを現実の「永続的な再創造者」（Freire 1993, p. 51）として見出す過程において〈主体〉であるということであり，したがって両者は自らの歴史の主体なのである。

　「革命的な指導者」の考えに，私たちはフレイレの思想に作用している教師の異なる姿を見ることができる。それは，誤った信念から被抑圧者が自由にされる力強い行為としてではなく，わずかに背中を押すような形で，つまり世界に存在する人間としてのあり方を特徴づける変革の行動と省察そのものを開始することによって，実践を引き起こす者としての教師の姿である。「革命的な指導者」は，教師でもある生徒とともに革命後に活動する生徒でもある教師に近い。一方で，革命前の教師の取り組みは，その姿勢とフレイレの課題提起型教育の議論（Freire 1993, chapter 4 を参照）において，革命後のそれとは少なくとも異なる。姿勢が異なるのは，革命前の教師は，変革の

6）ここは，フレイレが虚偽意識の思想に，またそれによってネオマルクス主義の批判理論に近づくところであるが，この時点における彼の「解決策」は説明に後戻りするものではなく，むしろ共同行動（フレイレの言葉を用いると共同志向）となるものである。

105

行為と省察に被抑圧者を・か・か・わ・ら・せ・ることを目的とするからである。フレイレは，いかに被抑圧者へのかかわりを実践において実行できるのかを詳細に言い表している。

　このようにフレイレは，銀行型教育の一方的な様式に後退してしまわないような解放する教授の形式のための興味深い事例を生み出しているように見える。一方で，フレイレの取り組みにおいては，さらにもう一段階があり，それゆえに第三の教師像がある。その段階において，フレイレは，銀行型教育を行わないで解放する教授を行うという困難な問題をあまりうまく解決できていない。『被抑圧者の教育学』などの本において，フレイレが（他の）教師たちに何をしているべきで，何をしているべきでないかを告げるだけでなく，人間の本性であるとされる特質について強い主張をすることによって，彼自身が教師として活動していることを私たちが認めるときに，これは明らかになる。結局のところ，フレイレは，人間が「より十全に人間である」ことから妨げられる状態を抑圧と定義する。したがって，彼の主張は，疎外を克服するということは（より）十全に人間的なあり方で，つまり自らの歴史に責任をもった主体として存在することに近いことを含意する。人間であるということについてのフレイレの説明は，完全に理性をともなわないものではない。とはいえ，それは人間というものについての特定の構想である。したがって，すべての人間がそうなるよう求めるべきものとして，おそらく誰もが受け入れたり認めたりはするわけではないであろうものである。

　抑圧の論理についてのフレイレの批評は独創的かつ重要である。また，とくにフレイレがこの考えを用い，展開するやり方において，銀行型教育のたとえは，生徒が客体としてのみ現れることのできる一方的な教育実践を批評するための力強い準拠点をもたらす。だが，フレイレ自身が教師として現れるやり方では，解放の教育における銀行型様式から逃れることは，おそらく彼が考えているよりも困難であることが明らかである。解放についての近代的論理と解放の教育の間の矛盾に対して，「無知な教師」であるジョゼフ・ジャコトに関するランシエールの記述が，異なった応答をはっきりと示そうとするのはここにおいてである。

ランシエール，ジャコト，そして無知な教師

『無知な教師——知性の解放についての五つのレッスン』（Rancière, 1991）において，ランシエールは，ジョゼフ・ジャコトについて語っている。ジャコトは，19世紀最初の数十年間の亡命生活の間に〔ビースタの記述においては「19世紀最初の数十年間」となっているが，ジャコトがベルギーのルーベン大学で勤務を始めたのは1818年であり，1830年にはフランスに戻っている。よってベルギー滞在は，十数年と言える〕，自らが「普遍的教授」と呼ぶ教育的アプローチを展開したフランス人教師である。ジャコトのアプローチは，彼が話すことのできないフランドル語を母語とする学生にフランス語を教えるために招聘されたときの発見から生まれた。この状態が一風変わっていたのは「学生がジャコトに求めたことを，彼が学生に教える言語が存在しなかった」ことである（Rancière 1991, p. 1）。それにもかかわらず，彼の学生たちは，フランス語で話し書くことを達成した。フェヌロンの小説『テレマック』の二言語版を勉強することによって彼らはそれをやり遂げたのである。

ランシエールによるジャコトの「事例」の探究は，二つの理由から興味深いものである。その理由は両方ともフレイレの議論に関係する。第一には，ジャコトと彼の学生たちが共通言語をもたず，そのためジャコトには学生の精神にどのような中身も入れることができなかったという事実に関係する。言い換えれば，銀行型教育の可能性がなかったのである。しかし，このことにおいて，つまり知識の伝授においては，ジャコトは学生に何も教えることができなかったにもかかわらず，これは，彼の学生たちが教師なしに学んだことを意味しないとランシエールは主張する。無知な者であるにもかかわらず（後の「無知な者」に関する議論を参照），ジャコトは教え，教師として振る舞った。そしてまさにこの点との関連において，少なくともランシエールの手によると[7]，ジャコトはフレイレ主義の「教師と生徒の矛盾」を克服

---
7) これは重要な点である。なぜなら『無知な教師』の読者の多くはランシエールが単にジャコトの理論の説明をし，単にその理論を推奨しているとみなしているようだからで

する方法を規定するのである。この方法は，フレイレの場合にそうであったように，教師の消滅にはつながらない。どのようにこれが達成されるのかを説明してみよう。

フレイレが銀行業務における一連の作業としての教育への批判を重視する一方で，ランシエールの批判は説明の役割を重視することにより，フレイレとはわずかに異なる標的をもつ。ランシエールが強く主張するのは，教育環境において説明は，「知っている者との関係で知らない者が存在する不平等の状態を緩和する方法として」（Rancière 2010, p. 3）行われるということである。教師が生徒に何か説明するとき，教師は生徒がまだ手に入れていない知識と理解を与えようとする。この点において，知っている教師とまだ知らない生徒の間の不平等を克服する方法として説明を考えることは筋が通っているように思われる。

しかし，教師から生徒へ伝達される内容を考えるとこのとおりであるが，説明の行為自体が行われるやり方はまったく別のものを伝えているとランシエールは主張する。すなわち，説明は学習と理解に不可欠であり，生徒は説明なしに理解するようにはなれないと考えられているのである。これは，ランシエールが「何かを誰かに説明するということは，まず第一にその人に向かって，あなたは自分ではそれを理解できないと気づかせることであり」（Rancière 1991, p. 6），したがって説明することは「無能を実証することである」（Rancière 2010, p. 3; 強調は引用者）と示すときに主張する点である。それゆえに，説明は教育をランシエールが愚鈍化と呼んでいるものに変える。それは，解放のプロセスではなく，むしろ「彼らの場所」に閉じ込めておくプロセスである。それは，文字どおり生徒を愚鈍にし，声をもたせないようにしておくのである。

ある。どこまでがジャコトの話で，どこからがランシエールの話なのかを見極めるのが難しいところもあるが，それでも私は根本的な差異を両者のうちに見出し，ジャコトの話を「とおして」ランシエールが論じることに重点を置き，『無知な教師』の読解を提示したい。ジャコトの考え自体に注意を向けることは妥当であるが，その場合『無知な教師』は，それについての情報源としては信頼できず，読者はジャコト自身の著作に取り組むべきである。

4章　無知な教師に惑わされないで

したがって，ランシエールは，説明が教師と生徒の不平等を実際に作り出し，ある意味始動させ，永続的に確かなものにすると示唆する。この設定において，生徒は説明を必要としているわけではない。むしろ，説明という行為が生徒を説明なしに，つまり「優れた説明家」の介入なしには考えられない者として構成するということである。実際に，このことは，そのように考え出された生徒は条件の産物ではなく「説明の秩序」の産物であるという結論にランシエールを導く（Rancière 1991, p. 4）。説明の秩序は，ランシエールが「教育学の神話」と呼ぶもののうえに打ち立てられる。それは「学識豊かな者と無知な者，成熟した者と未熟な者，有能な者と無能な者，知的な者と愚鈍な者に分けられた世界の寓話」（p. 6）である。説明家の「特別なトリック」は，ここでは「二重になった開始の振る舞い」から構成される（p. 6）。

　一方で，いまはじめて学習の行為が始まるのだ，と彼は絶対的な始まりを宣言する。他方で，彼は無知というヴェールを学習すべきあらゆるものにかけたうえで，それを取り去る任務を自ら引き受ける（Rancière 1991, pp. 6-7）。

「自分の知識を生徒たちに伝授し，彼らを自分の教養に向かって少しずつ引き上げていくこと」（Rancière 1991, p. 3）を教師は目指している。そのため，この教えることのアプローチの背後にある意図は，一般的に称賛に値するものである。「生徒が一人では理解できなかったことのうえにかかったヴェールを整然と上げる」教師の「わざ」は「いつか教師と対等になることを生徒に約束するわざである」（Rancière 2010, p. 5）。しかし，いったい，いつになったらこの約束は達成されるのだろうか。説明の輪から逃れることは可能なのだろうか。そうでなければ，説明の軌道に乗るや否や，いつも説明家に追いつこうとしながら，つねに説明家がすでに理解したことを理解しようとしながら，しかし理解するためには説明家の説明を必要としながら，人はそこに居続けるのだろうか。このように考えると，説明とは，実際には「ある目的に達する実践的な方法とはまったく異なるもの」であり，むしろそれ自体が目的として現れるものである。説明は，「根本原理，つまり不平等の原理

の無限の確認」（Rancière 2010, p. 3）なのである。

ランシエールの解放の教師

このことが提起する問いは，「生徒を説明家に縛りつける」（Rancière 1991, p. 15）非力の輪から抜け出せるかどうかである。ランシエールは，抜け出すことは実際可能であるが，より「洗練された」あるいは「進歩的な」説明の様式の導入によってではないと示す。ここで，生徒の客観的な条件の説明の結果，解放は起こるという考えに反対することによって，解放の教育の近代的論理の道から，ランシエールは明らかに逸れる。彼は以下のように述べる。

> 「愚鈍化」と「解放」との区別は，指導法の区別ではない。それは，伝統的ないし権威主義的な方法と，新しく活動的な方法の区別でもない。愚鈍化は，すべての種類の活動的で現代的な方法においても起こりうるし，実際に起こるのである（Rancière 2010, p. 6）。

したがって，この議論から浮かび上がるより基本的な問いは，説明なしで教えることは可能なのかということである。ジャコトの事例が関係するのはここである。なぜなら，まさにそれは，説明なしで教える例を私たちに見せてくれるからである。

それにもかかわらず，ジャコトの「事例」について重要なことは，教師が完全に退き，教育が共同学習や協同的探究となったわけではないということである。ランシエールとフレイレが分岐するのはここにおいてである。むしろ，ジャコトの事例は，「説明する教師」（Rancière 1991, p. 12; 強調は引用者）なしに生徒が学ぶ教育のダイナミクスを表す例を私たちに示す。ランシエールは「ジャコトは彼らに何かを教えたのだが，何一つ伝達しなかった」（p. 13）と言うことで，これを要約する。ここで問題となっている教育のダイナミクスは，もはや教師の（優れた）知識に依存するものではない。このことから，伝達からの教えることの分離は，ランシエールの議論の中核をなし，無知な教師の考えを理解する一つの道をもたらす。しかしそれなら，いかにして，

教えることに無知な教師は従事しているのだろうか。

　知性と意志の区別によって，ランシエールは，ここで問題となっている教えることについての転換の特性を示す。その点において，ジャコトがなしたことは，生徒の知性を彼の知性と置き換えることではなく，むしろ彼の生徒に自らの知性を使うよう要請することであった。したがって，ジャコトと彼の生徒との関係は，知性から知性への関係ではなく「意志から意志への」（Rancière 1991, p. 13）関係である。このことから，「一つの知性が別の知性に服従させられているときはいつでも」愚鈍化が起こる一方で，「一つの意志が別の意志に服従していたとしても」（p. 13）知性が自らに従っている場合には解放が起こる，とランシエールは結論づける。それゆえに，このことから明らかになる解放の教育の構想の核心にあるのは，ランシエールが「知性が自らにその姿を」（p. 28）明らかにする行為[8]と言い表すものである。

　自らの知性を行使するよう要請されるとき，生徒が選ぶであろう道は知られていないが，生徒が逃れられないのは「自らの自由の行使」（Rancière 1991, p. 23）である[9]ことを，ランシエールは強調する。これが，教師にはたった二つの「基本的な行為」しかない，とランシエールが結論づける理由である。つまり，「彼は尋ね，話すように要求する」ということである。「それは，まだそれ自身に気づいていない，あるいはあきらめられた知性の表明であり」，

---

8) この啓示の行為に言及することは，誤解を招く恐れが若干ある。なぜならランシエールの解放の論理を説明の論理に回収してしまうかもしれないからである。以下に，解放する教授について異なる，そしてより明確な公式と考えられるものを提示する。そこでは，解放する教授にもとづく行為が，説明者である教師の助けなしには学習し知ることができないと生徒が主張する充足感のようなものを生徒に禁ずる行為として現れる。
9) ルイス（Lewis 2012）は，フレイレとランシエールを比較して，フレイレにおいては自由を重視しながら，平等の問いへの注目はほとんど見当たらないことを示す。一方，ランシエールにおいては，平等に重点が置かれ，自由についての問いへの注目はほとんど見当たらない。確かに，ランシエールは，不平等の仮定よりも平等の仮定から出発する解放の論理をはっきりと述べようとしている。しかし，生徒は自らの自由の行使から逃れられないというランシエールの見解は，ルイスの「普遍的教授は自由の問いについては沈黙したままである」（Lewis 2012, p. 73）という主張が完全に正確ではないことを示す。結局，私が以下で議論するように，教師の解放する「行為」において重要なのは，生徒による自らの自由の否認と拒絶の中断なのである。

「彼は知性の働きが注意によって遂行されたことを検証する」（Rancière 1991, p. 29; 強調は原文どおり）。知性の行使の結果の検証は，検証のプロセス自体を説明のプロセスに戻してしまうであろうから，ここで検証されるのは知性の行使の結果ではない。そうではなく，知性の使用のみが検証される。ここで検証されるのは，注意とともに知性の「働き」が遂行されたということである。問いただすことの目的が，教師がすでに知っている地点に生徒を誘導することであるようなソクラテスの問答法で，この問いただしが理解されるべきでないということを，ランシエールは強調する。このような問答法は「もしかすると学習することへの道」であるかもしれない一方で，「解放の道ではありえない」（p. 29）。そして，解放の中心となるのは，「知性が自らを他のすべての知性と平等であるとみなし，他のすべての知性を自らと平等であるとみなすときに知性ができることについての」意識である（p. 39）。

　話すことができるすべての存在の平等を仮定することから始めることは，平等が存在することを無邪気に仮定することではない，とランシエールは強調する。それは，いかにして不平等が存在し，どのようにしてそれが平等に変わるかについて，彼が特別な洞察力をもっていると仮定することではないのである。ランシエールは実際，不平等について，「何も知ることはない」（Rancière 2010, p. 4）と言っている。これは無知な教師の思想に別の位相を加えるものである。

　　平等は知識をとおして伝えられる目的ではないのと同じように，不平等も知識をとおして与えられるものではない。平等と不平等は状態ではない。それらは二つの「臆見」である。つまり，教育的訓練が機能するための二つの異なる原理である。二つの原理には何も共通項はない。できることは与えられた原理の検証だけである。教師の説明の論理は，自明のものとして不平等を提示する。（中略）無知な教師の論理は，検証されるべき原理として平等を提示する。その論理は，教師と生徒の関係における不平等の状態を，永遠に来ないがいつか実現されるであろう平等への約束には結びつけない。そうではなく，それは不平等の現実を基本的な平等の現実に結びつける（Rancière 2010, p. 5）。

4章　無知な教師に惑わされないで

手短に言うと，ランシエールにとって重要な点は，知性の平等を証明することではない。「この仮定にもとづくと何ができるのかを検証することである」(Rancière 1991, p. 46)。

解放，教育，教えること

解放を目指す教育の中で，果たして教えることは役割を担うのかという問いの文脈において，ジャコトについてのランシエールの議論から現れる無知な教師の姿は重要である。そして，私たちが注目するのは，ジャコト本人ではなく，ランシエールによるジャコトの事例の「使い方」なのだということを，もう一度強調したい。ここに集中しておくことは重要である。すなわち，教育のすべての側面を示す範例としてではなく，解放の教育についての問いにかかわる者として，無知な教師の姿を検討することが重要なのである。

ランシエールの「介入」は，明らかに，教育的な関係と環境において，生徒が客体としてではなく主体としてどのように現れ存在できるのかという問いと，このことが教師に何を求めるのかという問いに向けられている。したがって，知識の伝達や理解の深化が目指されているならば，知識の伝達としての教育の「様式」も説明としての教育の「様式」も完全に受け入れることができるが，ランシエールの議論は，知識の伝達としての教育や説明としての教育に対抗する議論ではない。またそれは，教師は学習のファシリテーターとしてのみ存在するが，もはや教えることが何もなく，教えることが許されない一種の構成主義者の教室を支持する議論でもない。

ここで強調したいのは，ランシエールの議論が解放と解放の教育の中での教師の役割についてのものであり，教育や学校教育，あるいは指導の力学（教授法）に関する一般論ではない，ということである。そしてこのことは，この章の試みにおいて非常に重要である（またこの点は，ランシエールによるジャコトの用い方に関係するところであり，ジャコトの「普遍的教授」の観念が誤解されやすい理由である）。ごく基本的な段階において，ランシエールの議論は，説明をとおして解放者から被解放者に伝えられる真の人間存

在についてのより深い洞察に解放が依存するという考えへの批判である。この点において，銀行型教育はけっして解放の方法ではありえないというフレイレの洞察に，ランシエールは同意しているように思われる。またこの点について，フレイレとランシエールの両者は解放の近代的論理の意図に異議を唱える。その意図とは，被解放者の客観的な条件の説明をすることに解放はもとづくという考えである。しかし，三つの点において，ランシエールのアプローチは，フレイレのものと異なる[10]。

　第一に，知識の伝達ではなく，意志のレベルにおける教師と生徒の関係性に関してであるが，ランシエールのアプローチは，非常に明確で詳細な教師の課題を持ち続けており，それゆえに非常に明確な教師のアイデンティティも持ち続けている。ランシエールは解放する教授の論理を次のように言い表す。「解放の教師による呼びかけは，自分が知っていることについての満足感，そして自分はこれ以上知ることはできないのだと認めることについての満足感を抱くことを，無知であるとされる者に禁じる」（Rancière 2010, p. 6）。

　第二に，ランシエールの平等は，人間についてのある種のより深い真実ではない。フレイレの事例で私が明らかにしたように，そのような真実は，解放する教授を，被解放者が置かれた真のそして客観的な条件についての真実の伝達へと戻してしまうであろう。ランシエールにとって，平等は前提として，すなわち解放する教授に方向性を与えるものとして機能する。平等は，解放する教授がもとづく真実としてではなく，ランシエールが検証と呼ぶものをつねに求める可能性として機能するのである。検証とは，真実にエビデンスを与えるものとしてではなく，真実をつくるという文字どおりの意味で理解される。つまり，平等に続いて起こることを確かめるために，平等が真実であるかのように振る舞うことである。このことはまた，平等は「革命後に」実現する状態として将来に与えられるものではなく（Thompson 1997 を参照），いまここにあるものを意味するのである。これは，ランシエールのアプローチが，フレイレのそれと異なる第三の点である。

---

10) フレイレとランシエールの共通点および相違点のさらなる議論については，Galloway（2012）と Lewis（2012）を参照。

解放の教育の三つの観念
——自由になること，真実，教えること

　フレイレとランシエールの見方をもって，解放の近代的論理を比較すると，どのように解放が受け取られているか，そしてどのように教育の役割，より具体的には教師の役割が理解されているかについての多くの重要な違いが明らかになる。近代的論理では，解放は権力から自由になることとして理解される。物理的な観点からのみではなく，より広い観点から，つまりイデオロギー論の観点からも抑圧が理解されるため，自由になることは，被解放者の客観的な条件についての歪められていない真実を彼らに与える教師に依存している。

　フレイレとランシエールは，両者ともに解放の近代的論理に批判的であるが，その理由と，そこから導かれる結論は異なっている。フレイレにとっての一番の問題は，教師の高い地位のようである。このような理由から，彼は解放の教育を，教師が他の仲間とともに，実践と呼ばれる行動と省察のプロセスに参加する仲間の探究者になるプロセスとして考える。したがってフレイレは等式から教師を取り除く。にもかかわらず，彼は革命的な指導者の役割を依然として持ちつつ，そして，私が論じたように，人間として真正に存在するとはどのような意味をもつのかを主張しながら，結局のところ彼自身が教師として現れる。それゆえに，彼は完全に教師を等式から排除しようとして悪戦苦闘するのである。このことは，フレイレが抑圧をこの真正の存在からの疎外であり，解放をこの存在状態への回帰と考える理由である。

　このような背景のもと，ランシエールはまさに反対の方向に向かっていることがわかる。それは，人間の客観的な条件や真正な条件についての真実に解放がもとづくことが可能であり，必要であるという考えを彼が放棄しているからである。しかし，フレイレとは異なり，ランシエールは教師の重要な役割を保っている。ただし，解放されるであろう者たちに彼らの客観的な条件や真正な条件についての知識を与える者としてではない。これは解放の教

師が無知である理由である。ランシエールが教師の役割を保つのは，知識を
与える者としてではなく，ある特定の介入あるいは中断（Biesta 2009c も参照）
を作り出す者としてである。彼の表現を用いるなら，教師とは，自らのため
に学習し，思考し，行動することができないと主張することを，解放される
であろう者たちに許さない者である。したがって，抑圧は，学習し，思考し，
行動することができないという信念として生じる。それは，自らの自由の拒
否，主体として存在する能力の拒否を表す信念である。解放は「知性が自ら
を」明らかにすることである（Rancière 1991, p. 28）。あるいは，より明確な
言葉では，生徒自身の自由の否定を中断し，拒むことである。

　そして，簡潔に言うならば，解放の近代的論理は，教師と真実に依存する。
フレイレは教師を排除し，つきつめていくと真実の役割を保持している。一
方で，ランシエールは教師を保持して，真実を排除する。ランシエールにと
って解放は，教師から生徒へと伝達される真実を「主題」としていないこと
から，解放する教師は，無知な教師である。彼が知識をもっていないからで
はなく，解放の論理が知識に依存せず，知識を「主題」としていないからで
ある。

構成主義者の熱狂――ランシエールの受容

　これまでのページで，私は解放の三つの異なる概念と解放の三つの異なる
アプローチの再構築を行った。解放の近代的論理の中に潜む矛盾についての
議論から開始し，これらの矛盾に対する二つの異なる応答としてフレイレと
ランシエールを紹介した。フレイレとランシエールは，それぞれ解放の近代
的論理によって引き起こされたジレンマの難問に違った形で取り組んでいる。
教育的関係において主体として生徒が現れることを妨げる権威主義の教師を
フレイレが追放しようと試みたのに対して，生徒が権威主義の知識により規
定されるあり方や，生徒がそのような知識をもとに自分自身を規定し，自分
を無能と思い込むようなあり方から外れることを妨げる権威主義の知識の役
割を取り除くことをランシエールは試みたと言えよう。私はまた，フレイレ

116

4 章　無知な教師に惑わされないで

とランシエールは抑圧の異なる理解のあり方を取り入れ，解放についての彼らの考え方はそれらに対応するものであることを強調した。

　しかし，本章での私の関心は，解放の教育における教師の役割，立場，アイデンティティについてである。そしてここでは，この議論に対して「第三の選択肢」を強調することを達成したランシエールの独自の貢献を位置づけたい。「第三の選択肢」では，教師は解放に関して実際になすべき重要な仕事をもっている。そして，フレイレの事例においてそうであったように，教師は問題の一部としてはみなされない。しかし，教師が生徒の間違った意識を真の意識に置き換えるというのは，フレイレが適切に反対した戦略である。そうすべきであるという考えとは異なり，ランシエールは解放の問いを知識と真実の問題から遠ざける。解放する教師の役割を与えるランシエールの二つの公式において，私たちはこのことを理解することができる。一つ目の公式は，解放する教師がすべきこと，つまり「知性が自らを明らかにする」ことを示すという意味において肯定的である。もう一つの公式は，無知であるとされる者に「それ以上知ることはできないと認める満足」を禁じる点において否定的である[11]。

　教育の分野におけるランシエールの取り組みの受容について注目すべき点は，多くの人びとがランシエールの議論のきわだった鋭さを見逃していることである。その議論というのは，解放の教育における知識の役割についてのものである（具体的には，解放が脱神話化する知識を「主題」にしていると

───────────────

11）解放する教師がこれを成立させるであろう方法は，生徒に自らの知性を行使する勇気をもつべきであると伝えることであるように，両方の公式はある意味驚くほどカント的である。それは，カントの「サペレ・アウデー！（Sapere aude!）」，〔ラテン語で〕自らの理解を行使する勇気をもて，という啓蒙の「標語」の公式にもとづいている。勇気の点については，Sonderegger（2014）も参照。したがって，ランシエールには，非常にカント的な「一面」が見受けられるという点において私はルイスに同意する。一方で，自分の道を歩むべきであるという解放する教師の生徒に対する「命令」について主張される重要性を，ランシエールのカント的一面として私は位置づけない（Lewis 2012, pp.78-79 を参照）。しかし，生徒による自らの理解を用いる力の否定の，つまり自らの自由の否定の中断に位置づける。1 章で示したように，ここでの違いは，主体として存在することは何らかの道に従うことであるというだけではなく，いわゆる「大人の」道に従おうとすることについてであるという事実に関係しなくてはいけない。

117

いう考えの拒否である）。そして，解放としての教育というはっきりと限定された議論としてよりも，指導としての教育についての一般的な議論として，人びとは読んでしまっている。さらに，無知な教師の考えは，現代構成主義の文脈で読まれてきた。現代構成主義では，教育においてはすべてが生徒の学習，つまり意味形成と了解を軸に展開すると主張することが「常識」となってしまっているようである。そこでは，教師が行い，また行うべき唯一の事柄は，このような意味形成の促進であるとされるのである。

　たとえば，ペルティエ（Pelletier 2012, p. 615）は，「よき進歩主義的な教師は皆知っているように，教えることは知識の伝達のみにかかわるのではなく，他者が学習できるようになることにもかかわる」と述べるときには，現代構成主義の考え方に注意を向けている。エンゲルス・シュヴァーツパウル（Engels-Schwarzpaul 2015, pp. 1253-1254）は，ランシエールについての議論でよく似た主張を述べている。「学習は教師から生徒への知識の一方的な伝達にもとづくものではなく」，「知識の構成に生徒が能動的に参加するとき，より効果的である」ということは現在広く受け入れられている。こうした背景のもとで，彼女はランシエールの『無知な教師』の主要なメッセージが「自らの知識，実験と経験，注意力，粘り強さを用いることをとおして学習すること（を促すこと）」にあると理解している（Engels-Schwarzpaul 2015, p. 1255）。したがって，彼女は，解放の教育学の複雑さについてのランシエールの明確な「メッセージ」を一般的な指導理論に回収してしまっている。

　類似した傾向は，チェインバース（Chambers 2013）によるランシエールの教育理論についての説明にも見られる。チェインバースは政治的な問いに強く重点を置いているが，教育の問題になると，上記の著者らと同様に，ランシエールを読む際に構成主義者の読みに近づいている。ランシエールは「すべてを知り，知っていることを生徒に伝達する教師の（中略）知識に精通することへの拒否」を軸として展開し，「完全にラディカルな教育学を支持している」とチェインバースは述べる（Chambers 2013, p. 639）。したがって，チェインバースは，ランシエールの「説明の秩序の基本的前提の逆説（として）の新しい教育学」を提示する。彼は，この新しい教育学において重要な

ことは，「教師の説明なしに」自らの理解に到達する生徒の「能力」であると述べる（p. 644）。彼は以下のように言う。

> 生徒が本を選び自らのために読むとき（ジャコトの教育実験の場合のように，自分の母語以外の言語で書かれた本であっても），その生徒は平等の方法を用いている。本が意味するものを伝える誰かがいなくても，その本を読むことができるという誰もがもつ資質，これは平等の力であり，そしてこれがあるのはすべて平等のためなのである（Chambers 2013, p. 644）。

以上のような本格的な構成主義を奨励しないが，ランシエールの議論を生徒の学習と意味形成を重要視する一般的な教育理論として扱う読み方に反して，私はランシエールの取り組みは，学習ではなく，むしろ教えることについての議論を私たちに提供し，この議論の「場所」が教育の解放についての議論の中にあるということを主張したい。

解放の教育における教えることの役割

したがって，ランシエールが学習ではなく，教えることについての議論を提示しているという第一の点に関して，彼が『無知な教師』において主張していることは，誰もが教師なしで学ぶことができるということではない。このことは，そうした主張にランシエールが同意しないであろうからではない——現状において，彼が同意しないであろうというのは真実ではあるが。そうではなく，議論がそのことを問題にしていないからである。前述のように，むしろランシエールが主張していることは（そしてここにおいて，ランシエールは，解放の近代的論理とフレイレの両者から自らを区別する），解放は知識を「主題」としていないということである（これが，この議論が教育の解放についての議論に限定されて読まれるべき理由である）。人間の本性についての真実も，被解放者についての客観的な条件も，解放は主題としていない。そのような知識をもつ者として，解放する教師が理解されるべきでないのは，こうした理由からである。またこれが，解放する教師は無知である

119

とされる理由である。

　しかし，再度，重要な点を繰り返すならば，これは解放する教師に知識が欠けているからではなく，知識は解放への道ではないからである。またこの点において，前提としての平等についてのランシエールの主張の意義が認められる。フレイレとは異なり，ランシエールは人間の真正な経験について積極的に議論の俎上に載せることはしない。そして，この意味においてランシエールはカント主義者ではない。だが，彼は，明確に政治的な関心と明確に政治的なプロジェクトをはっきりと表明している[12]。

　したがって，「学習はまた愚鈍化する学校において起こる」(Rancière 1991, p. 102) とランシエールが言うのは，まさに，解放が学習の問題ではないと明らかにするためである。教師がいてもいなくても，どこにおいても学習が起こりうるということだけが重要な点ではない。実際のところ，解放されていると言う方が正確であるが，解放された状態に「なる」ことは，学習を必要とすることではない。そうではなく，そのことは，平等の前提のもとに自らの知性を用いることに関するものなのである。平等の前提のもとに自らの知性を用いることは，とくに学ぶ力，解釈する力，意味を形成する力などの特別な力を明らかにするためではない。むしろ，平等の政治的プロジェクトに自らを刻み込むためである (Biesta 2010b も参照)。もちろん，このように自身の知性を用いるためには，教師は必要ない。それが，自らの知性を用いる際に一番大切なことなのである。けれども，解放する教師が役割を果たすのは，生徒が――私はすべての年齢のという言葉を生徒という言葉に付け加えたいが――自分のために考え，行動することはできないと主張すること，あるいは自分のために考え，行動したくはないと述べることによって，自らの知性を用いることを目的とするというこの意見を否認し拒否する場合である。したがって，生徒が主体として存在する可能性を否認し拒否し，客体である

---

12) 教育の分野におけるランシエールの功績の「受容」に関して，何よりもまず彼の議論がおそらく学校の特定の構造についてのものではなく，社会が学校教育に特有の論理によって機能する限りにおいては社会批判であるという点を指摘することもおそらく大切であろう。これは，Bingam and Biesta (2010) の終章「世界は学校ではない」においてより詳細に議論されている命題である。

ことをより好むか，そこにとどまるという状況においては，解放する教師には役割がある。ここにおいて「態度」というのが適切な言葉であるなら，解放する教師としての特別な介入はこの「態度」を目的としている。「態度」については，5章で再び触れることにする。

ランシエールを読むランシエール

　この議論に加えるべき二つの点がある。双方ともランシエールの著作における彼自身の省察，そして他の者たちのランシエールへの著作への応答と関係する。議論すべき第一の点は，説明についての問いと説明の位置である。それは，ランシエールの著作が説明の論理に対して大変批判的であると思われる一方，ランシエールの取り組みについて論じる著作には，その取り組みが何であるかを説明しようとするという皮肉が目立つ傾向があるからである。けれども，私がこれまでのページで述べてきたように，私たちはランシエールの議論を説明の禁止の事例として読むべきではない（これについては，Hallward 2005; Stamp 2013 を参照）。以下のように述べるとき，ランシエールはこの点について非常に明快である。「他者が私たちの知識を自由にできるように，正当な『伝達者』としての自らの立場をもって，私たちは確かに知識を用いることができる」のであり，これは彼自身が「絶えず行っている」ことである（Rancière 2011, p. 245）[13]。ランシエールの取り組みが説明の論理に対して批判的であることに関しての唯一の要点は，説明，とくに他の人間の頭や生活の中で実際に何が起こっているかを説明しようとする試みは解放の方法ではないということである。

　しかし，私の考えでは第二の点はより問題を孕んだものである。ランシエールの後期の著作は，自身の取り組みを構成主義者の読みに向かって転換しているように思われるからである。そこでは，解放は学習する自由，具体的には解釈し意味を形成する自由として理解されるようになる。正当な伝達者

13）ランシエールとアルチュセールの相違点と類似点に関する注目すべき説明については，Lewis（2012, chapter 1）も参照。

について引用されている一節において，「ジャコトの視点から見ると『無能にさせている』ものとは，私たちが生徒の思うようにさせてやっていることを，どうやったら彼らがつかみとることができるのかを先取りしようとする意志である」と実際に述べている（Rancière 2011, p. 245）。これは，『解放された観客』においてさらに大きなテーマとなる。この著作は，ランシエールが2004年に行った講演をもとにしている。後に，1章の章題を著作名として出版した（Rancière 2009）。このエッセイの議論は演劇と観客の位置についての問いであるが，ランシエールは『無知な教師』にはっきりと言及しながら，教育の問題としてもそれらの問いについて議論している[14]。

　ランシエールがこの議論にもたらす教育のダイナミクスの表現において，彼は解放する教授に焦点を合わせることから，教え学習する状態としての教育についての一般的な説明，先に私が用いた言葉で言うならば，指導の一般理論に移っているように思われる。そして，ここでランシエールが行っている説明は，構成主義者の読みに接近するものである。構成主義者の読みにおいては，教師から生徒への知識の伝達ではなく，生徒が「試みと失敗」と呼ぶであろうものをとおして生徒が学習するところに，教育のダイナミクスはある。「試みと失敗」は，ランシエールの言葉では，「彼女（生徒）がすでに知っていることから，まだ知らないことへの道であるが，その道は，彼女がちょうど他のものを学んだように学ぶことができる」ものである（Rancière 2009, p. 11）。ランシエールはこれを「翻訳の詩的労働」と呼び，それは「すべての学習の中心にある」と主張する（p. 10）。翻訳というのは，生徒がすでに知っているものからまだ知らないものへと進んでいくプロセスであるからである。そして，詩的というのは，生徒はそこにあるものを繰り返すので

14）教育における解放の問いは，芸術の文脈における解放の問いとは区別される必要がある。結局のところ，芸術は教育的であり，教育は「芸術的」であると機械的に想定すべきではない（この関係については，Biesta 2017 も参照）。私は，ここで「芸術的」という言葉を，教育の美学についての議論から区別するために用いている。教育の美学については，ルイス（Lewis 2012）が高度で独創的かつ非常に説得力のある議論を提供している。私の議論で芸術と教育の関係の問題を取り上げるのは，ランシエールが『解放された観客』の中でこの二つを密接につなげて論じているからである。

4章 無知な教師に惑わされないで

はなく，そこに自らの理解を注ぐためである。ランシエールは以下のように
述べる。

> このように記号を綴っていく無知な者と，仮説を組み立てる科学者の間には，同じ
> 知性がつねに働いている。自らの知的冒険を意思疎通し，そして別の知性が自分に
> 意思疎通しようとしていることを理解するために，記号を他の記号に翻訳し，比較
> や比喩形象を用いる知性である（Rancière 2009, p. 10）。

この説明において，教師もまた，私がこれまで議論してきたのとは違う仕
方で現れる。つまり，ファシリテーターとして現れるのである。

> 彼は生徒に自らの知識を教えるのではない。しかし彼らにものや記号の森を冒険し，
> 見たものについて語り，見たものについて何を考えているのかを語り，それを検証
> し，他の人にも検証してもらうように命令する（Rancière 2009, p. 11）。

したがって，ランシエールがここで言い表しているのは，教えることの説
明ではなく学習についての説明である。それは，一般的な意味形成という意
味においての，あるいは 2 章で紹介した言葉を用いるなら，了解としての学
習についての説明である。そしてこのランシエールの文章は，構成主義者の
言葉をもって読むことができる。構成主義者の言葉では，学習者個人とも言
えるそれぞれの個人が自らの「物語」を構成する。これは，ランシエールの
表現では，それぞれの個人が「自分自身の詩を創作する」（Rancière 2009, p.
13）ということになる。このダイナミクスについてのランシエールの説明に
おいて強調すべきことは，教師／演者（パフォーマー）と，生徒／観客の間
に直接的な関係はないということであり，それゆえに「一貫性のある意思疎
通」への願い（p. 14）も可能性も（p. 15）ないということである。むしろ，そ
こにはつねに「そのどちらともかけ離れている」が，「児童が見たものや，
それについて話し考えたことと同じであることを証明するために」（p. 15）言
及される「第三のもの」がある。つまり，芸術作品，演劇，本，あるいは
「他の書物の断片」（pp. 14-15）である。したがって，そこにはこの「もの」

123

に関連した解釈の根本的な開放性がある。「劇場の中やパフォーマンスの前では，博物館や学校，路上においてとまったく同じように，自分たちに向けられ，自分たちを取り囲んでいる物事，行為，記号からなる森の中で，それぞれ自分の道を歩んでゆく人びとしかいない」と，ランシエールは実際断言している（Rancière 2009, p. 16）。この森は，「私たちが新たなものを学習することを可能にする出発点であり，交差点である」（p. 17）。

　少なくともこれまでのページにおいて探究してきた視点から『解放された観客』についてもっとも注目に値するのは，ランシエールが解放の「瞬間」を，観客の解釈行為の中や，暗に「意味作用の自由」と主張される生徒の解釈行為の中にまさに見出しているように思われることである。芸術家が「自らの技術の表現と効果を提示する舞台を作り出す」際に現れる「新しい熟語」に関連して，ランシエールは「その熟語の効果は予測されることはできず」，そこでは「積極的な解釈者の役割を果たし，『物語』を我が物にし自らの物語を作り出すために自らの翻訳を展開する観客が求められる」と論じる。このことから，彼は「解放された共同体は語り手と翻訳者の共同体である」と結論づける（Rancière 2009, p. 22）。

　ランシエールがこのような結論に落ち着くことが問題である理由は，二点あげられる。構成主義者によるランシエールの取り組みの「受容」に関する第一の問題は，皮肉にも，彼自身のものでもある。それは，彼が解放の教育において教師のために作り上げた特異な位置が消えてしまっていることである。フレイレがすでにそうであったところに，ランシエールはむしろ「後退」してしまっているように思われる。つまり，学習のファシリテーターとしての教師，自身の物語を構成する生徒のファシリテーターという教師像をもつところにである。第二の問題は，あらゆる人が自らの物語を構成する自由，3章で私が意味作用の自由と呼んだ自由が，意味のある自由の観念であり，ゆえにそれは意味のある解放の観念であるかどうかという問いと関係する。

　3章において説明したように，私はそうだとは思えない。なぜなら，人びとが考えつくであろう異なる解釈，意味作用あるいは詩を私たちが判断するうえでの基準とはどのようなものか，という問いがただちに生じるからであ

4章　無知な教師に惑わされないで

る。したがって，意味作用の自由は，政治的なものや，まして民主的な自由よりも，すべての人がそこにおいて自分の「物語」を自由に語るような，ある種の新自由主義的な自由として現れる。民主的な自由では，各人が自らの物語に閉じられているというよりも，むしろ平等のもとで，ともに自らの人生を生きるあり方に，異なる「詩」がいかに影響を与えるかについての問いがつねに存在するであろう。このことが注目に値するのは，ランシエールの著作において平等についての考えが非常に重要な役割を担うという事実を考慮に入れるからだけではない。上記で行われた再構成から浮かび上がってきた解放する教師の姿は，生徒が自身の宇宙で自転するだけであるような相対主義的装置の中断として，また主体として存在することの拒否の中断としての解放する教授を明確に言い表すことからも注目に値するものである。

結論——無知な教師に惑わされないで

　解放する教育についてのフレイレの見解の要点と思われるものとは違って，ランシエールにおいては，教師の明確な役割，課題，アイデンティティがあることを，本章では明らかにした。それによって，解放の教育へのランシエールの独自の貢献に光をあてることを試みた。批判的教育学の場合とは違って，この課題は誤った意識を真の意識と置き換えることであるとは理解されない。しかし，フレイレとは違い，ランシエールはこのことから教師が必要ないとは結論づけない。むしろ，解放が知識を「主題」にするという考え方の問題を彼は強調する。これは，解放する教師が無知と言われる一つの理由である。また，解放する教師が無知であるのは，いわゆる生徒の能力のなさについての知識から始めるからではなく，むしろ私が明らかにしてきたように，明確に知識や真実についての問題ではない，知性の平等についての前提（そしてここでまたランシエールはフレイレと根本的に異なるアプローチをとる）から始めるからである。

　これまでに論じてきたように，このことはランシエールの研究が理解されてきた一つのあり方とは関係していない。それは，教育におけるすべてのこ

125

とが生徒の意味形成に依存しており，教師はこのプロセスのファシリテーターでしかなく，教師が与えるものや付け加えるものは何もないと考えるあり方である。したがって，教師には与える知識はなく，また教えることもなく，したがって学習のファシリテーターとなるために教室の生徒の側に歩み寄るべきだとみなすことで，その無知な教師の姿に惑わされてはいけない。ランシエールにとって，解放する教師はまさしく教えるという行為に従事しているのである。同様に，学習する自由という考え，もっと具体的には，解釈と意味作用の自由という考えとは，私たちが世界の中心ではなく，世界の中の成長した主体として，平等の政治的プロジェクトに私たち自身を刻み込む方法であるという考えに惑わされてはいけない。

5章 不可能なことを求める
——不和としての教授

1章では，私が教育において「問題となる」と信じるものについてより正確な公式を示した。私はそれについて，教育の課題は，他の人間に，世界の中に，世界とともに成長した仕方で存在すること，すなわち主体として存在することの欲望を引き起こすことにかかわっていると示唆した。世界の中にこのような仕方で存在し，世界の中にこのような形で存在しようとすることは，私たちが望むものが望ましいものなのかどうかが生きた問い——私たちがどこへ行こうとも私たちとともに持ち運び，私たちが出会うあらゆるものにおいて働く生きた問い——になったことを意味する。私は，教育をこのような方法で見るということは，教育が何を目的とするべきかに関する選好を述べたものだと考えられるべきではないと指摘した。なぜなら，選好は他のあり方を取りうるものだからである。これを，課題——私たちに贈られるものを意味する〔ドイツ語の〕Aufgabe や，私たちが持ち運ぶことを求められるものを意味する〔オランダ語の〕opdracht ——と述べることで，それが選択の問題であるというよりも，「出生という事実」（Arendt 1958, p. 247），つまり私たちの間に生まれてくる子どもや教室にやってくる生徒と出会うときに訪れるものだということを指摘した。

確かに，子どもたちは生まれたいかどうかを尋ねられることはないが，生への欲望が新生児において不在であることは稀であり，この点において覚醒が必要なのかどうか（「極端な」場合においてのみ必要なのかどうか）を問う人もあろう。しかし，生への欲望は第一に生存への欲望であるのに対して，世界の中に成長した仕方で，すなわち主体として存在したいという欲望は，特定の存在の仕方，いわば自らの生を生きるということを意味するということを心にとどめることが大切である。主体として自らの生を生きたいという欲望を目覚めさせるとき，一方では，私たちは子どもたちや若者が世界の中

127

にあるという願いを飛び越えることがないように支援するべきであるということを意味し，もう一方では，彼らが世界の失望と出会ったとき，素早く通り過ぎてしまわないように支援するべきだということを意味する。学校において，このことは少しばかり複雑になるかもしれない。なぜなら，あるとき，生徒たちはそこにいることを望んでいるのかどうか尋ねられたことがないということに気づくかもしれないからである（ある者は，同様の問いを自らの人生に一般化して問うかもしれない）。このことは，教師の教育的な仕事，すなわち生徒が困難な中間点にとどまるよう支援しようとすることが実際に困難な仕事であり，リスクをともなうものであるということを説明する助けとなる。

　世界の中に，世界とともに主体として存在するということは，世界——自然の世界と社会の世界——が私たちの幻影の構成や投影ではなく，それ自体として，またその全体性において存在するという事実と折り合いをつけることを意味する。したがって，世界の中に，世界とともに主体として存在することは，世界との対話に進むことを意味する。ここでの対話は，会話ではなく，むしろ私が存在様式と呼んだものと理解されるべきである。2，3，4章では，対話の中に存在することについて，主体としての私たちの存在を，了解としての学習の論理（2章）と，いわゆる意味作用の自由（3章）とを解きほぐすことで詳細に検討し，私たちの成長した主体が，語りかけ，話しかけられることへの応答として現れるという考えに至った。これは，私が主体であることが「問題となり」，私ができる唯一のこと（レヴィナス）であるとともに，他の誰も私の代わりに行うことができないこととしての自由と出会うときのことである。これは「教えられる」という経験，より短い公式では，教えることとの出会いと考えることができる。4章で示したように，こうした考え方にそって，教えることが解放の潜在可能性をもつことになる。なぜなら，そのことが私たちとともにあることを中断させ，それから私たちを解放し，私たちが主体として世界の中にあることを呼び起こすからである。

　この章では，教師の仕事一般というよりは，教えるという行為とされるものの観点から，再度，教えることについて見てみたい。教えることを時間的

な論理と密接に結びつける概念——たとえば，教えることを発達や成長を促すことと捉えたり，「以後」のために特定の資質やコンピテンシーを注入することと捉えること——とは対照的に，他者が主体であることに関心を払い，それを目指して行われるとき，教えることは，まったく異なるものとして作用することを論じていく。こうした性質を，ランシエールに着想を得て，不和としての教授と呼ぶ。不和は，同意の不在，あるいは不合意や対立のモメントとして理解されるべきではなく，むしろ既存の事柄の状態に「共約不可能な要素」と私たちが呼ぶところのものを導入すること，あるいはランシエールの表現を借りれば，特定の「感性的なものの配分」と解されるべきものである。ランシエールの説明によれば，不和とは，「利害や意見の対立ではなく（中略），定められた感覚可能な世界の中に，世界にとって異質な既存の事実を生み出すこと」である（Rancière 2003, p. 226）。

　教育において，不和は，主体としての子どもや生徒に私たちがアプローチするときの中でも，私たちから見たり知ったりすることのできるすべてのエビデンスを超えるときにこそ生じる。しかし，以下に詳細に論じるように，まさにこうした振る舞い——教師らしい振る舞い——が　子どもや生徒が主体として現れる可能性を開くのである。それゆえ，私たちが，不可能なことを可能ではないことと捉えるのではなく，それを，デリダ（Derrida 1992b, p. 16）にしたがって，可能性として見通すことができないもの，すなわち，いまここでは計算したり予測したりすることのできないものと捉えるとき，不和としての教授はそうした不可能なことを子どもや生徒に求めることになるのである。不和としての教授は，成長した主体を目指すものとして，まさに先を見通せないものへの志向（Torgersen 2015 も参照），すなわち存在していないものへの志向，希望されるものへの志向，それゆえ信頼を要求し，知識や確実性といった事柄とはけっして言えないものへの志向によって特徴づけられる（Halpin 2003 を参照，Biesta 2006, chapter 1 も参照）。

　不和としての教授は，すでに触れたように，子どもの発達や生徒の成長といった概念とはまったく異なる「論理」を導入するものである。不和としての教授という考え方は，そうした〔子どもの発達や生徒の成長といった〕論理を

中断させるものとも言え，教育における時間の役割（とその理解）に疑問を投げかけるものである。ここから本章で展開するべき考察を始めるが，その際まず，2011 年に私がカール・アンダース・セーヴストロムとともに著し，楽観的にも「教育へのマニフェスト」〔以下「マニフェスト」〕という題をつけたテキストに触れたいと思う。

「あるもの（what is）」と「ないもの（what is not）」の緊張関係における教育

「マニフェスト」において，私たちは教育の実践，政策，研究に関する数多くの問題に応答しようとした。「マニフェスト」で私たちが用いた推論的な概念装置は，教育における教育的なもの，あるいは同書で私たちが自由と呼んだもの──本書では，成長した主体であることと呼ぶ方が適切であろう──を，見た目の異なる，そしてそれぞれが互いに対立するものとして議論されがちな二つの選択肢を「超えた」ものであることと位置づけることであった。「マニフェスト」では，その二つの選択肢をポピュリズムとアイデアリズムと述べた。

ポピュリズムは，「教育における問題を，個人の好みや道具的な選択に帰するという単純化に現れる」（Biesta & Säfström 2011, p. 540）。それは「教育のプロセスを，単純で，一面的で，直線的で，『何が役に立つのか』に関する科学的なエビデンスにもとづいて知識と生徒を整序することによって教師が管理できるものと描く」（p. 540）。これに対して，アイデアリズムは，「教育が実現すべきものに関する尊大な期待という形で現れる」（p. 540）。ここでは，教育は，「深刻な社会の対立や戦争に面している社会においてさえ，民主主義，連帯，インクルージョン，寛容，社会正義，平和といったプロジェクトと結びつけられる」（p. 540）。ポピュリズムであれ，アイデアリズムであれ，いずれの期待に対しても教育が応えきることはけっしてできないため，教育は絶えず防御の立場に導かれる。

5章　不可能なことを求める

アイデアリズムによってポピュリズムに対抗し，教育のアジェンダを「正しい」ものにすることで問題を解決できると主張する人たちもいれば，ポピュリズムによってアイデアリズムに対抗し，よりよい科学的エビデンスと技術によって教育を正し，機能するようにすることができると主張する人たちもいる（Biesta & Säfström 2011, p. 540）。

　ポピュリズムとアイデアリズムの対立は，「あるもの」に向けた教育と「ないもの」に向けた教育との一般的な対立の一つの現れとして理解することができる。そして私たちは，どちらの志向性も，自由の可能性に脅威を投げかけるものであると述べた。「あるもの」に支えられた教育は，適応になる。

　　それは，社会の中の「あるもの」への適応であり，その場合，教育は社会化となる。あるいは，個々の子どもや生徒の中の「あるもの」への適応かもしれない。その場合は，天才児，ADHD〔注意欠陥・多動性障害〕，学習障害といった「事実」から始まる教育となる（Biesta & Säfström 2011, p. 541）。

　どちらの場合も，自由への志向性を失い，新しく見通せなかったものを告げる「超過」への関心を失っている。しかしながら，私たちは，この問題への対応が，「ないもの」に支えられた教育で解決されるものではないと主張した。なぜならそれは，ユートピアの夢と教育を結びつけるものだからである。「まったくのユートピアと教育との間の距離を取ることは，ペシミズムの問題ではなく，教育に実現不可能な希望を負わせ，そのことで自由を先送りし，いまここで可能なものとするといったことがないようにすることである」（p. 541）。以上を要約すると，次のように言うことができる。

　　教育を「あるもの」と結びつけることは，教育への応答責任を教育の外部の力に手渡すことであり，他方で，教育を「ないもの」と結びつけることは，教育を実現不可能な未来という希薄な空気に委ねることである（Biesta & Säfström 2011, p. 541）。

教育を「あるもの」や「ないもの」に結びつけることによって，教育における教育的に重要な問題——すなわち，自由の問題——が消滅するリスクを帯びることから，「マニフェスト」では，「あるもの」と「ないもの」との緊張関係における教育の適切な「位置」について示唆した。ある意味では，教育は伝統的にこの緊張関係と馴染みがあるが，この緊張関係は，もっとも一般的には，「ないもの」を時間的な表現で理解すること，すなわち「まだないもの」と理解することによって捉えられている。「まだないもの」は，いまここには「まだ」存在していないが，未来のある時点において訪れることが期待されるものと理解される。おそらくこのことは，子どもが充分に学び，教育が終了するときに自由というものが訪れるだろうと考える近代の教育言説において，あるいは子どもが充分に成長，発達し，自らの行為に責任を取ることができ，それゆえ解放された状況に到達したときに自由が訪れるという言説において，もっともはっきりと見て取ることができる。

　しかしながら，「ないもの」を「まだないもの」という表現で捉えることによって，未来のある時点での約束を提供するプロセスとして教育を理解することは，自由の問いをいまここから消滅させ，「永遠に延期されるものにしかねない」（Biesta & Säfström 2011, p. 540 を参照; 強調は原文どおり）という問題を孕む。自由が教育におけるまさに教育的なものを示しているとすれば，先に述べたような巧妙な言い方は，教育的なもの〔自由〕を，構造的に手の届かない場所に置き，つねにこれから到来するもの，そしてけっして完全には存在しないものとすること，もっと正確に言えば，〔いま〕ここに完全に存在することがけっしてないものとすることなのである。このことが提起するのは，教育における時間の理解，つまり基本的に時間をかけて発展するものとして教育をみなすという理解によって，教育の自由に対する関心が充分に把握されうるのかどうかという問いであり，さもなければ私たちが時間と教育について異なる理解をしなければならないのかどうかという問いである。これこそが，近代教育の時間的な論理ではなく，明らかに時間的でないという教育の論理の可能性を考察したときにほのめかしたものである。これは，教育が「あるもの」と「ないもの」との間の緊張関係の中にあるのであって，

132

「あるもの」と「まだないもの」との間にあるのではないというときに念頭に置いていたことであり，この緊張関係をランシエールにしたがって不和と呼ぶのである。

　不和としての教授がいかなるものであり，なぜ，どのようにそれが重要なのかを理解するために，まず教育に関する一般的な理解の中で時間というものが担っている役割について述べたい。そのために，教育に関する議論において現れる六つの「時間」の考え方について論じる。その六つとは，変化，学習，発達，学校教育，子ども，進歩である。

教育における時間

　実際，多くの人が，子どもの教育であれ大人のそれであれ，変化が教育の主要な「仕事〔ビジネス〕」だと考えているだろう。変化というものの中には，目に見える形になったり，効果を生じるまでに時間がかかるようなものがあるにもかかわらず，結局のところ変化という結果を産まなければ，教育は失敗したとか，教育が生起しなかったと人は言うだろう。それゆえ，教育という「行為」は，変化を助け，変化を促し，変化を促進し，変化を強制しさえすることだとみなされる。そうした変化は，およそいつでも時間のかかるプロセスとして理解されている。実際，変化というものは，ある状態から別の状態への移行として捉えられ，それゆえ，AからBへの軌道を描くものと考えられている。そうした軌道は，教育においては価値判断をともなう，すなわち変化の望ましさに関する判断をともなうことになる。教育が，望ましい「結果」に向けた志向性をもつという目的論的な構造をもつと言われるゆえんである（結果については，誰がそれを定義できるのか／するべきなのか，誰がその結果を「欲望する」ことができるのか／するべきなのか，そしてその「結果」についてどの程度までそれを否定することができるのか／するべきなのか，という問いは，残されたままである）。

　変化の次に学習について触れるのは，多くの人にとってわかりやすいだろう。なぜなら，変化の特定の様式が学習だからである。そして，それは教師

や教育者にとって一般的に好まれているだろう様式である。基本的に，広く受け入れられている定義によれば，学習は，成熟の結果ではないもので，ある程度永続的な変化（たとえば，認識，理解，熟達，スキルの変化として示されるもの）を意味することから，変化について述べたことと同じようなことが学習についても言えるということになる。すなわち，何かを学習するときには，何かが変化しており，その変化を導くプロセスが学習のプロセスと捉えられるということである。それゆえ，教育は，学習を助け，学習を促し，学習を促進し，学習を強制することであり，その学習は時間がかかるものであるという定義に行き着く。学習は，学習者をある状態から異なる状態，すなわち学習者が何かを学び，すべてではないにしても多くの場合何かを学んだと気づいている状態に導くプロセスなのである。

　教育において中心的な役割を担う三つ目の概念が発達である。発達は心理学的な概念とみなされるかもしれない。これはある意味では正しい。だが，実際，教育の思想と実践は，教育を人間発達という事実に対する社会の対応と捉えたシュライエルマッハー以降，（そのプロセスの「論理」については異なる見方をしながらも）いずれも教育を発達の促進と捉えたピアジェとヴィゴツキーを経て，道徳的推論の発達に関するコールバーグの説を経由し，脳とその機能の発達を促進する教育に関する脳科学とその理論に至っている。発達は，おそらく一段と優れた時間的概念である。なぜなら，それは時間的な変性（発達の目的論的な読み方），あるいは時間のかかる成長（発達の非目的論的な読み方）という概念をともなっているからである。教育は発達に従う必要があるという考えであれ（それはピアジェの研究がとった考えである），教育はある程度までは発達を主導し促す必要があるという考えであれ（それはヴィゴツキーの研究がとった考えである），おそらく発達論の議論は教育の時間的な構成にもっとも大きな影響を与えていると言ってもよい。プラグマティズム，とくにデューイによるそれは，発達の目的論的概念を批判し，「成長」と置き換えているが，デューイが，個人的要因と社会的要因との調整を達成することに教育の課題が存在すると述べた点——それは明らかに時間のかかるプロセスである——においてだけでなく，教育を経験の変容

134

と捉えた点——それは完全に時間的なプロセスである——においても，教育の時間的構造は維持されているのである。

　ここで指摘しておくべき重要なことは，変化，学習，発達の中に見出すことのできる時間の概念は，直線的な時間の概念であって，循環的なそれではないということである。変化，学習，発達という概念は，直線的な時間概念の中でしか意味をなさず，変化，学習，発達という言葉で教育を理解することは，一般的に，近代的な世界観と近代社会の勃興において見出される直線的な時間概念の発展によってしか可能ではないということもできよう。それは，モレンハウアー（Mollenhauer 1986）が教育の時間（Bildungszeit）と呼んだ近代的な観念を生み出した概念である（このことについては，Schaffar 2009, pp. 137-140 を参照）。モレンハウアーは，新たに正確な時間の計測が可能になったことによって，時間のまったく新しい概念がもたらされただけでなく，生活の時間化と時間の経済化——後者は「時は金なり」という考え方に例証されている——がもたらされたことを強調している。新しい時間の概念，そして生活の時間化は，学校教育を組織する際，構造においても教育内容においても，大きな影響を与えた。

　モレンハウアーは，〔学校教育が始まってから〕数十年の間に，時間にそった直線的な前進，すなわち progressus〔ラテン語で「進捗」の意味〕や progressio〔「進歩」〕（Mollenhauer 1986, p. 80 を参照）として教育を理解する特定の時間的な論理によってヨーロッパ中の学校教育が組織され始めたという注目すべき事実を指摘している。このことを可能にするため，教育は，ほぼ同様の発達段階にある均質な子どもの集団によって組織されなければならず，また教育内容は，学習の進展が可能になり，測定されうるよう，小さな時間的単位に分割されなければならなかった。そのため，時間割とカリキュラム（時間的な進歩の軌道と理解される）が必要とされ，理想的には，中断のない教育プロセスが直線的に前進することへの一般的な関心が起こった（Mollenhauer 1986, p. 80 を参照）。さらに興味深いことに，教育の目的と狙いそれ自体が，特定の達成というよりは，時間の観点で定義されるようになった。たとえば，時間が来れば，学習が完了していなくても学校は終わる。ある年齢になれば，

特定の達成レベルに至っていなくても，義務教育は終了する。それゆえ，教育のプロセスを構造化しているのは時間であり，プロセスがそれに必要な時間を統制しているのではないのである（Mollenhauer 1986, p. 80 を参照）。

　近代の学校教育の構造化が，いかに特定の時間概念が教育環境の組織原理となっているかということを私たちに示しているのであり，同時期に現れた子どもという概念によって，いかにこの時間概念が子ども理解——子ども一般という概念であれ，教育可能な存在としての子どもという（ドイツ語のBildsamkeit〔教育可能性〕として捉えられる）具体的な概念であれ——の中心にやってきたかを私たちは知ることができる。子ども，すなわち近代の子どもは，発達を支え促進するため，何よりもまず，「まだない者」，「発達途中の者」，「教育を必要とする者」と理解される。人間は教育をとおしてのみ人間となることができる，というカントの格言は，少なくともはじめてみたときには，もっとも鋭くこれを表現している。子どもの「まだないこと」，すなわち子どもが〔何ものかに〕なり，〔ある状態に〕到達するためには時間がかかるという事実は，教育がなぜ必要かという議論において機能しただけでなく，教育を正当化するものとしても機能したのである。したがって，まさに子どもが教育を必要とするだけでなく，教育が特定の子ども〔概念〕を必要とする，と言うこともできよう。話を「教育学（Pädagogik）」から教授学（didactics）に移したとしても，学習者についての同様の考え方を見出すことができる（Biesta 2010c も参照）。実際のところ，そこでは，学習者は，まだそこに到達しておらず，何かを欠いており，教育を必要とし，その欠如を埋める——直接的な教授によってであれ，あるいは結果的にその欠如を埋めるような課題を提供されるという間接的方法によってであれ——ために教師を必要とする者，と定義される。まさに学習者が教えることを必要とすることと同じく，教えることが特定の学習者〔概念〕を必要とするとも言えるのである。

　おそらく，次のように述べることも可能だろう。すなわち，子ども概念の時間的な構成——その意味で，学習者の時間的な構成——は，他者（子どもや学習者）を，何かに欠けていて，「何かを必要としている者」と定義し，

・そ・の・こ・と・で，教育者を，その欠如を埋め必要を満たす立場に置くことを可能にする植民地的思考の例証である。このことは明らかに権力の問題——そして教育の伝統においては当然のこととして見慣れない問題——を提起するのであるが，私がここで強調したいのは，時間が植民地的な関係を形作るあり方についてである。ヨハネス・ファビアンは，その著書『時間と他者』（Fabian 1983）の中で，「異時間化」〔記述の対象を，研究者自らの同時代性から切り離し，それとは異なる，停滞した時間に布置する考え方〕という概念を作り出し，近代の人類学において，人類学者がその対象を自らと同じ時間の存在であることをまさに否定する形で構成し，研究の対象を自らと異なる時間に置いているということを指摘した。子どもを「まだない者」や「何かを必要としている者」とする近代的定義は，子どもと教育者の時間を分離することをとおして，それと同じように機能する。そして，まったく同じように，時間的なギャップをつなぐ活動として理解される教育が必要なものとなり，正当化される。シャファー（Schaffar 2009, pp. 107-108）が正しくも言うように，私たちがここで出会っているのは，経験的事実ではなく，道徳的な，あるいは規範的というべき視点である。特定の子ども概念，すなわち時間的な子ども概念の構成は，それゆえ経験的な現象ではなく——経験的事実が重要でないというわけではない——，何よりも規範的であり，それゆえに教育的で政治的な選択だったのである。

　最後に提示したい概念は，・進・歩という概念，すなわち教育は進歩——子どもの進歩，コミュニティの進歩，国家の進歩，人間性総体の進歩——の手段であるという考え方である。進歩とは，時間的な論理による教育というプロジェクト全体を構造化するものであり，そこでは未来は現在よりよいものとされ，よりよい未来をもたらす媒介的手段が教育であるとされる。「よりよい」というときに重要なものにはさまざまな次元がある。その一つは，教育とはグローバルな競争環境において競争的優位性をもたらす知識経済の駆動力であるといった，よく耳にする約束や，教育は個々人の稼ぐ力のための投資であるという考え方のように，物質的なものである。他には，教育は個人の社会関係資本や文化資本への投資である——そうした資本は後で「現金に

なる」という前提があるわけだが——という，少しは物質的ではなかったり，間接的に物質的であるような議論もある。そして，最後に私たちは，教育的な進歩が平等，解放，自由への軌道において理解されると気づくのである。

　私たちにとってもっとも馴染みのあると思われるような教育の語彙において，また教育のプロセスと実践が理解され，実施され，理論化され，研究される方法において，いかに時間〔という概念〕——より厳密に言えば，直線的な時間の概念——が行きわたっているか，このような簡単な説明でもわかるものである。それぞれの概念，そしてそれらの歴史と政治に対してはさらに述べるべきことがあるが，ここでの私の説明は何よりもまず，私たちが教育における時間の問題に異なる形で取り組むことが可能かどうかを知ろうとするときに，正確に言えば，教育から時間を取り去ろうとするときに直面する困難な問題を示唆するためのものである。しかし，私たちは，なぜそのようなことを求めるのか。

コンピテンスを超えて教えること

　直線的な時間の概念を「超えた」ものとして教育を理解し，また行うとともに，不和として教えることを理解し，また行うという願いを考えるときに問題となることを述べるためには，コンピテンスという考え方を説明することがよいであろう。なぜなら，前述の六つの概念は，すべて教育とは子どもや若者がコンピテンスを増大させるプロセスだという考えに立脚しているからである。ある方向に発達し，学習によって知識やスキルを獲得し，学習や発達によく合った学校制度からの系統的な支援を得るとき，子どもは変化し始め，まさに彼らを定義するところのものである欠落を埋め始め，これらがすべて成功したとき，子どもたちは望まれる方向に進歩し，より知識があり，よりスキルを有し，よりコンピテンスをもつ者になる。このように教育を捉えるとき，教えることには，促進すること，支援すること，少しばかり命令すること，時代の流れにしたがうことが求められる。それは，不和としての教授というよりも，一致としての教授である。

5章　不可能なことを求める

　教育が資格化や社会化の形態として機能するとき，生徒は知識，スキル，態度を獲得して，より多くのコンピテンスをもつ客体となるが，けっして主体にはならない——その限りにおいて，先に述べたようなことは意味をなしている。もちろん生徒は，受動的というよりも，流行的な表現をすれば，「能動的な学習者」という形でこのプロセスに参加せねばならないが，彼らは主体ではない。私が述べようとしているのは，教育の時間的な論理は生徒の主体に「触れる」ことはできず，主体であることは，どこか別の場所に「置かれている」ということである。確かに，主体であることを，コンピテンスの観点，あるいはコンピテンスとして捉えようとするひと続きの伝統もある。そこでは，教育の課題は生徒に，たとえば批判と共感のスキルを与え，その行為主体のエンパワメントをしようとするものと捉えられる。しかし，これまでの章で私が主張してきたのは，私たちが主体であることは，所有ではなく，自身が所有できる何かでもなく，出来事なのであって，それは生起したりしなかったりする，ということである。興味深いことに，私たちの主体に関してレヴィナスが「内在性の断絶そのもの」（Levinas 1989, p. 204）と述べるとき，彼は，実際のところ，私たちのコンピテンス，能力，資質——「知性をその能力を超えたものと対決させるトラウマ的な大混乱の経験」（p. 205）——ではなく，「何が『できる』かを考慮せず，『しなければならない』とする命令の可能性」を論じている（p. 205）。

　世界の中のすべてのコンピテンスをもっていても，その瞬間が到来し，語りかけが訪れたとき，私がそこにいる保証はない。あるいは，理想的ではないが，もう少し明確な公式で言えば——私がそこにいられる保証はない。語りかけが「やって来て」，主体が「訪れる」ために必要なのは，エンパワメントや，自己をコンピテンスのあるものにするあらゆるものによって自己を構築することよりも，ジャン・マッシェライン（Masschelein 1997）が適切に述べるところの武装解除なのである。このように考えると，主体であることの訪れは，発達の軌道の結果ではなく，学習の軌道の結果でもない。むしろそれは，子ども——あるいは，ここでは年齢は関係なく誰でも——が準備できているかどうかにかかわりなく，それら〔発達と学習の軌道〕を破って現れ

139

る出来事にほかならないのである。

このことは，「マニフェスト」の中で述べた主張に光をあてることになる。すなわち，仮に子どもの自由というものを，まだないものと考え，エンパワメントや解放による教育の軌道が成功して終わった後に訪れるものと考えるならば，それはけっして現れることがなく，いまここから消え去り，「永遠に延期される恐れがある」（Biesta & Säfström 2011, p. 540; 強調は原文どおり）。ここにおいて，ランシエールによる教えることと解放にかかわる見解が交わることになる。ランシエールが論じた解放する教師が行わなかったことは，その言い方が意味をなすならば，コンピテンスを生徒に与えることであった。彼は，コンピテンスのなさについての主張——すなわち，「まだ準備ができてない」，「まだ能力がない」，「まだコンピテンスをもたない」という主張，そしてまたおそらくは「まだ主体になりたくない」や「むしろ客体である方がよい」といった主張——をすべて拒絶した。このことは，いま解放されているということが，4章で述べたように，特定の力を現すことではなく，知性の平等の前提において知性を用い，それによって自らを平等という政治的プロジェクトに捧げることである，ということの理由を示すものである。

ここにおいて教授が一致としてではなく不和として現れるというのは，何よりもまず，それが資質やコンピテンスのなさに訴えることを拒否することで，既存の事柄の状態を壊して現れるものだからである。その意味で，不和としての教授は，それが経験する「感性」を受け入れることを拒否するために，既存の事柄の状態に共約不可能な要素を持ち込むものであると言える。しかし，ランシエールの考え方には，もっと積極的な次元もある。コンピテンスのなさや不平等を拒否することは，知性の平等という仮定を立証することでもあるからである。この立証は，4章で論じたように，ある仮定の真実性を証明することと理解されるべきではない。重要なことは，それが真実かどうかということではなく——それはすべてをコンピテンスの問題に戻してしまう——，文字どおり真実にすることであり（facere と veritas〔verificationが make を示すラテン語 facere と，true を示すラテン語 veritas から成り立っていることを示している〕），この仮定から始めることで何をなしうるのかを理解する

140

5章　不可能なことを求める

ことである。知性の平等という仮定の反事実的性格が，ここでは重要である。なぜなら，問題となるのは，この仮定が真実であるかどうか——この特定の事例においてであれ，全人類に関してであれ——ではなく，この仮定から始めることで何が生じるかということだからである。それが真実であることがわかるかどうかは，未来になってはじめて答えることができる問いであるが，この未来を可能性のある未来として開くためには，この仮定が真実であろうという前提のうえに行為しなければならない。なぜなら，そのときはじめてその仮定が真実でありうることを見出せるからだ。

　私たちがここで出会うのは，むしろ根本的な教育の論理，とりわけ主体であることに関する問いである。ここで何が問題であり，なぜこの論理が決定的に教育的なのかを把握する一つの方法は，教育関係，そしてより一般的には，人間関係において信頼が演じる役割に目を向けることである。すでに私が別のところでより詳細に論じたように（Biesta 2006, chapter 1），信頼に関して興味深いことは，他の人間がどのように行為するかについて確かな知識がないという状況においてこそ，それが求められるということである。もし他の人間が何をなすかを予測できるなら，信頼を贈ることの意味はないし，その必要もない。そのとき，〔他の人間との〕相互作用は，純粋な計算の問題でよくなる。信頼は，そのような計算が不可能なときに問題となるのだが，当然，私たちは他の人間がどのように行為し応答するのかを完全には知ることができない。それゆえ，信頼を贈る側からすれば，信頼は，つねにリスクをともなうのであり，とくに他の人間が私たちの期待や希望とは異なる形で行為するかもしれないリスクをともなうのである。信頼にともなうリスクを理解するとき，たとえば人間は根本的に信用ならないといった道徳的な捉え方をしようとするのではなく，それが人間の自由を告げるものであると考える方がよい。私たち皆が有するその自由は，このように行為することも，あのように行為することもできる自由であり，「はい」とも，「いいえ」とも言える自由であり，流れに乗ることも，逆らうこともできる自由である。したがって，他の人間を信頼すること，他の人間に信頼を贈ることは，その自由を発揮することなのである。他の人間が信頼できるかどうか，その彼あるいは

141

彼女が「信頼に値する」かどうかは，しばしば言われるように，私たちが信頼を贈るとともに，信頼を贈ることのリスクを引き受けるときにおいてのみ発見されることなのである[1]。

　私たちが信頼を贈る人にとっての自由は，私が望んだことをその人が行うときにだけ実現するのではないということを理解することが重要である。結局のところ，それを行わない可能性があることも他者の自由であり，その人が，私がそう望んだように行為しない理由も充分にありうるのである（「まったく」信用ならない（unreliable）ことと，「まったく」信頼に値しない（untrustworthy）ことを区別する必要がある）。重要な点は，信頼を贈られたとき，すなわちいかなる知識やエビデンスにもよらず，私たちがいまもつ知識やエビデンスに反するかもしれない共約不可能な要素を持ち込んだときにだけ，こうした可能性が現実になりうるということである。教育の観点から重要なのは，信頼が「場」を開き，そこにおいて子どもや生徒が自由と出会い，自由につながるものが何かを理解するということである。言い換えれば，信頼は，彼らが主体であることを危険にさらすものである。信頼や，信頼を贈ることなしには，この場は開かない。信頼なしには，そのような場はけっして開くことはないのであり，主体としての未来の可能性も閉ざされ続けると言ってよい。それゆえ，子どもや生徒が主体であることを考えるときには，教えることが不和として作用しなければならないのであり，子どもや生徒に不可能なこと——それはつまり可能性として見通し，予測し，計算することのできないことそのもの——を求める必要があるのである。

　このことは，私たちが生徒についての知識や，一般的に教育関係の中で出会う人についての知識を過剰に有する，あるいは有したいと思うことの問題を示しているとも言える。なぜなら，そうした知識は，未来，とりわけ主体としての未来を閉ざす可能性があるからである。これは，教育における過剰

---

1) リスクというのは，他の人間が違った行為をするかもしれないというリスクだけではないことに注意する必要がある。すなわち，とくに教育においては，私たちは自分たち自身を同じようにリスクの状態に置いているのである。1章で，権力（関係），権威（関係），教えることのリスクについて論じたことを参照してほしい。

5章　不可能なことを求める

な診断的知識——すなわち，私たちが行為し始める前に「問題」が何かを理
解する必要があるという考え方——の問題であり，生徒のことをよく知れば，
生徒のためになるという前提で生徒をよく知ろうとする欲望の問題であると
さえ言える。私たちがコンピテンスという観点でものを考え，教師としての
私たちの課題とは生徒にコンピテンスを与え，育てることだと考える限り，
これ〔診断的知識への欲望〕は正しいのかもしれないし，意味をなすのかもし
れない。しかし，彼らが主体であることが問題であるとすれば，その反対が
正しいことになろう。私たちが私たちの生徒についてよく知りすぎることは，
いまここからの可能性として見通すことができない未来から彼らを遠ざける
だけではない。それは，教師や教育者としての私たちが，そうした未来を開
き，見通すことができないものが起こるかもしれないことに信頼することを
阻むものでもある。生徒がどのような人間であるかを私たちが知らず，彼ら
がどこからやってきたのかを私たちが知らず，彼らの背負っているものにつ
いての知識を私たちがもたないときにこそ，私たちは，生徒たちが背負う過
去，歴史，問題，診断という重荷から彼らを放つような，新しく，想像され
なかった仕方で，生徒にアプローチすることが可能になるのである。

　教育における私たちの努力を生徒の推定されたコンピテンスに固定しすぎ
ることの問題は，コンピテンスを欠いているとされる場合に「問題」となる
のであり，「特別支援教育」として広く言及されている領域で重要になるもの
である（本章で試みることからすれば，読者は特別支援教育が実際にどれほ
ど「特別」なのかと疑念を抱くことであろうが）。グレン・ハダック（Hudak
2011, p. 58）は，「自閉症とラベルを貼られた若者」と一緒に活動する教育者
に焦点をあてた論文の中で，もし教育者の努力がこの「ラベル」，すなわち
その診断にまともに依拠するならば，教育は，すでに「そこにある」とされ
るものを反復することしかできないし，教育する試みも教育される者も，
「あるもの」に向けたものになってしまう，と主張している。しかし，ハダ
ックは，この反対の事例を論じ，教育の可能性は教育者が次の三つの推定の
うえに行為するときにはじめて開かれることを示唆する。すなわち，コンピ
テンスの推定，想像力の推定，親密さの推定である（Hudak 2011, p. 58 を参照）。

143

それぞれの場合で，ハダックは，いわゆる「適切な」方法で交流し関係を作る責任が若者にあるのではないと述べている。ハダックによれば，「身体的障がいのある人の代わりに話してしまい，そのことで彼らを周辺化したままにするのではなく，いかに彼らがよりよく経験を交流し，議論に加わることを支援することができるかを見出す」(p. 61)責任は教育者にあるのである。

　ビクレンとカーディナル（Biklen and Cardinal 1997, Hudak 2011, p. 61 からの引用）は，次のように述べている。

　　読者に期待するのは，自分たちができると示されなかったことをすることができる人もいるという信仰の問題を信じることではない。（中略）（しかし）「コンピテンスを推定する」という概念を取り込むことは，ファシリテーションやその他の教育的営為を行う人が彼らの能力をよりよく立証する方法を明らかにする責任が教育者と研究者にあることを意味するのである。

　したがって，「外部者〔教育者や研究者〕」の課題は，「自閉症というラベルを貼られた人たちの世界を解釈することではなく，自閉症というラベルを貼られた人たちが，思考し，感覚する人間であると推定することである」(Hudak 2011, p. 61)。ハダックは，想像力の推定，親密さの推定という二つの推定についても類似したことを述べている。そして，三つの推定については，私たちが話し，交流し，関係を作るということが何を意味するかを根本的に問い直すよう求めるだけでなく，それらの前提のうえに行為することで「支配的な権力の構造」(p. 66) や，「人間であるということが何を意味するか」(p. 62) に関する支配的な定義に挑戦するものでもあるという点で，それらは「哲学的であると同時に政治的な挑戦」(p. 66) だと述べている。ハダックの結論によれば，このことは「『障がい者』とラベルを貼られた人たち」だけではなく，実際には「私たちすべて」(p. 69) に通じる問題であり，少なくとも教えること，そして教師の視点からすれば，特別支援教育で特別だとされるものはまったく特別ではないことが示されるのである。

5章 不可能なことを求める

結論——見えるものを見るのではなく，見えないものを見る

本章の主眼は，教師が生徒に信仰を抱くべきだというように要約できるかもしれない。そうした要約を私がうれしく思うのは，とりわけそれが信仰の跳躍（キルケゴール的な言い方をすれば，信仰への跳躍）と結びつけられ，信仰を抱くためには，単に既知のことから論理的に演繹するのではなく，まさに跳躍が必要であるということを強調するときである。実際，生徒が主体であることの問いに関して，あらゆるエビデンスを破り，私たちの前に生徒が主体として存在しうる未来を開くために，教えることが不和として作用するということが，私が伝えようとしている重要な点である。それは，ランシエールの言葉を繰り返せば，生徒が主体として現れる未来を開くような生徒の主体であることにもとづいて行為するということである。生徒が信頼するに足りるだけのコンピテンス——彼らの自由を信頼し，彼らが主体であることを信頼する——を得たというすべてのエビデンスを手に入れるまで待つのであれば，私たちは，より確かなものをいつも求め，一層の詳細を確認したいなどと思うあまり，生徒が主体として現れる瞬間を永遠に延期するリスクを冒すことになるのである。

信仰の跳躍は，あらゆるエビデンスや，目に見えるものすべてに反して，主体としての生徒にアプローチすることによってこれらを突破することを必要とする。なぜなら，生徒が主体として現れるかもしれないし，現れないかもしれない状況を開くのは，そうすることでしかできないからである。これは，教えることが不和として「作用する」ときに意味するものである。すなわち，既存の事柄の状態や感性的なものの配分の中に，共約不可能な要素を持ち込むことを意味している。それは，教師として，私たちが自分たちの行為をいまここでは見えないもの——生徒が主体であること——に向けて方向づけることであり，見えないものを見ることである。それは同時に，本章で論じてきたように，いま見えるものへの眼差しを閉ざすことを要請する。いま見えるものというのは，生徒がまだ準備ができていなかったり，その生徒

145

は過去に信用ならなかったり，私たちの信頼を裏切ったりしたなどと私たちに伝えようとしてくる「エビデンス」への眼差しである。これらが真実であり，そしてこれらすべてが考慮に入れられるとしても，もし私たちが生徒を彼あるいは彼女の過去に結びつけ，これまで知っていることにだけ結びつけるならば，私たちは異なる未来の可能性を妨害することになる。このことは，なぜ私たちが生徒について知るべきことには限界があり，なぜ不和としての教授，すなわち生徒が主体であることを目指した教授，生徒が世界の中に主体として存在する欲望を引き起こすという見慣れない教授が，実際には，私たちの教室に訪れてくる生徒や，加えて言えば私たちの中に生まれてくる子どもについて何も知ろうとすべきでないのか，についての理由なのである。

エピローグ 教育に教えることを取り戻す

　これまでの各章で，私は教授／教えることの重要性，意義，必要性を論証しようとしてきた。概して教えることにわるい名前を与えてきた教育の理論，政策，実践における近年の展開に応答する形でこれを行ってきた。主な論争点は，教えることが，究極的には統制の形態であるという考え方にあると思われる。そこでは，生徒は客体として扱われ，主体としては扱われないことになる。〔こうした考え方をとる限り〕教育が，教化とは違って，生徒の自由すなわち主体としての存在に関心を示すということを考えれば，教えることはこの自由を実現する妨げになるという結論にしかなりえない。

　これまでに示されているように，いわゆる「伝統的な」教授に対する批判が，教師を「壇上にいる賢人」——これ自体すでに馬鹿にした表現であるが——から「〔学習者の〕傍らにいる支援者」にし，さらには「〔学習者の〕後ろにいる仲間」にさえしてしまったことに，前述したような考え方の影響を見ることができる。最後の立ち位置においては，もはや教師を生徒から区別することはできず，教師はより広い学習共同体の一員である仲間の学習者に変化してしまう。教授を統制とすることへの批判は，解放の教育に関する議論においてもある役割を演じている。これは，「教師と生徒の矛盾」を克服しようという願いをもつフレイレが，教育を「生徒としての教師と教師としての生徒」という共同の実践として捉えることに至った主な理由の一つでもある。そして，それはネオマルクス主義の批判的教育学が，脱神話化の強力な行為に依拠しているがゆえに，そのよき意図にもかかわらず，実際にはいまだ「エンパワーされたように感じ」ないと主張する背景でもある。

　皮肉なことに，教えることがいまも求められているような場合は，統制もまた主要なテーマとなっている。教師が教育のプロセスにおけるもっとも重

147

要な「要因」であるという近年の主張は，結局のところ，この「要因」をより効果的なものにすることで，学習成果の生産をより予測可能で確かなものにすることに関心を置くものである。今日では，こうした願いに効果的な貢献ができない教師は，職を失うリスクさえある。それは，教師という仕事を首尾よく行うことはこうした特定の生産的な循環を「統制すること」であるという前提があるためである。同様に，統制としての教授の問題は，教師の権威の回復への要求の中心でもあり，その背景には，近代社会における権威の欠如に対する懸念の一環としての権威一般への要求がある（ここで関心が置かれているのは，前述したような，つねに関係的な権威ではなく，たいていは一方向的な権力である）。

　このことは，現代の教育に関する議論において，教えることが抱えるジレンマであると思われる。すなわち，教えることに関心をもつ人は，生徒の自由にそれほど関心がなく，生徒の自由に関心がある人は，教えることがそれへの障害であると考えている。それは，教えることと自由との関係をめぐる理論的課題であるというだけではない——本書の各章で示してきたように，取り組むべき重要な理論的課題はあるが。それは，今日の学校教育における教師の役割と地位に関する政治的問題だというだけでもない——政治，政策，教えること，教師に関する重要で緊急性を帯びた課題もあるのだが。それはおそらく，何より教師であること，もっと言えば教師として存在することが何を意味するのかという問題でもある。結局のところ，教育を信じている人は，自らの固有の応答責任が何なのかを明瞭に表現することはもはやできないまま，教室の後方に身を置き，仲間の学習者になることを余儀なくされている。他方で，そこが自らの適切な場所と位置であり，そこにおいて教師としての固有の応答責任を明らかにできると信じるがゆえ教室の前方にとどまろうとする者は，教育を信じていないと言われ，「時代遅れ」と言われているのだ。無遠慮な（少し無遠慮すぎる）言い方をすれば，次のようになろう。もしあなたが進歩主義的でありたいなら，あなたは本当に教師になろうとすることはできない。もし教師になりたいというならば，それはあなたが必ずや保守的（な人物）であるということを意味する。

エピローグ　教育に教えることを取り戻す

　こうした結論を私たちが受け入れる前に――「テーブルの上」にはこうした二つの選択肢しかないというような多くの例が多くの国にあることを知っているが――，第三の選択肢，すなわち生徒の自由に関心を持ち，それに向けられた教育において，教えることが重要で，おそらくは本質的な役割を果たすという選択肢について検討する必要がある，と私は考えている。こうした「保守的な考え方に対する進歩主義的な議論」は，私が前著（Biesta 2012b）やこのエピローグのタイトルで述べたように，教育に教えることを取り戻すことに向けられている。私は，興味深いことに，この願いが，教師に教育を取り戻すという願いだとたびたび示し直されているのを見てきた。これも重要なことであるが，私の視点からすれば，それらはまったく別の事柄であり，まったく別の願いである。私がこれまでの各章で行おうとしてきたことは，この第三の選択肢を模索し，教えることを人間の自由の問題と結び直すことなのである。

　本書が行った探究における基本的要素は，自由の問いに関係するものであり，それゆえ本書を通じてこの問いが議論の中で主要な役割を演じ，さまざまな形で繰り返し登場した。新自由主義的な自由，言い換えれば純粋な選択の自由という概念，あるいはより哲学的でない言い方をすれば，ショッピングの自由，すなわち欲望をただ追求する自由とでも言うべきものに対して，私は，成長した自由というものについて論じてきた。成長した自由は，ハンナ・アレントが正しくも批判していた主権の自由ではなく，行為としての自由であり（アレント），世界の中に，私たち自身とだけでなく，世界とともに存在しようとするときに出会う「困難な自由」（Levinas 1990）である。そこで私たちが「出会う」のは，私たちが欲望するもの，すなわち私たちの「中に」見出す欲望が，私たちが世界の中に，世界とともに成長した仕方で存在すること――すなわち，世界の中心を占めることなく，世界の中にあること（メリュー）――を支援する欲望なのであるかどうかという問いである。これは，困難な「中間点」において，客体としてではなく，主体として存在するということの意味である。

　２章と３章で主要な役割を果たした学習というテーマは，自由の問題と結

びついてもいる。それは，学習を放棄するためではなく，学習が実存可能性の一つ，存在の仕方の一つにすぎないということ，そして私たちの生において熟慮し，教育場面で出会うべき他の実存可能性がありうることを示すためであった。私は，レヴィナスにしたがって，いわゆる「意味作用の自由」——学習というのは，何に関するものであるのかを理解する仕方の一つであり，意味形成，理解，了解の行為であると理解する仕方である——に疑問を呈してきた。そして，レヴィナスを踏まえて，意味作用はつねに対話に対して副次的であると示唆してきた。それは，レヴィナスが言うように，語りかけるものであり，話しかけられるものであり，意味形成に先立って到来するものなのである。

　こうして見てみれば，教えることは，生徒が自由となることができる場を——たとえば，学習できる自由，意味を形成できる自由，了解できる自由——創造することにとどまるのではないということになる。いましばらく空間的な比喩を用いるのならば（この点については，Biesta 2006, chapter 5 や Biesta in press を参照），教えることは，生徒が自らの自由と出会う場，そしてレヴィナスを再び引用するならば，生徒が「他の誰も私の代わりに行うことができない」ことと出会う場を創造することにかかわっている。したがって，教えることは——それが成長した自由，つまり客体としてではなく，主体として生徒が存在することを目指すものであるならば——，生徒の資質や素質を構築する（だけ）ではなく，不和として「作用」し，生徒が自らの自由に向かうようにする，言い換えれば生徒が世界の中に主体として存在するという不可能の可能性（デリダ）——可能性として見通すことができない可能性——に向かうようにするのである。

　教えることを取り戻し，その意味や重要性を再発見するのに本書で充分であろうか。教育の進歩主義的な願いと教えることとを結び直すことに本書で充分であろうか。教育に教えることを取り戻すのに本書で充分であろうか。おそらく答えは否だろう。だが，私の探究が，現代の教育における教えることと教師の地位に関する問題について，よりよい理解を助けるものであればと願っている。統制としての教授と自由としての学習を超えた，第三の選択

エピローグ　教育に教えることを取り戻す

肢を探し求める誰かに着想を与えることができればとも願っている。そして，学習成果の効果的な生産のためではなく，私たちが世界の中心を占めることなく，世界の中に成長した主体として存在するために，教えることが重要であると信じる人たちにとって，私の探究が何がしかの助けになればと願っている。

訳者解説

　本書は，Gert J. J. Biesta, *The Rediscovery of Teaching*, New York / Milton Park, Abingdon, Oxon: Routledge, 2017 の全訳である。日本語の翻訳書の出版に際して，著者による「日本語版への序文」を追加した。訳者を代表して著者のガート・ビースタ教授の紹介と本書の意義について述べることにしたい。ビースタは，オランダ生まれで，現在はブルネル大学ロンドン教育学科の教授である。彼は，オランダのライデン大学講師やユトレヒト大学上級講師，イギリスのエクスター大学，スコットランドのスターリング大学，ルクセンブルク大学で教授を務めたほか，スウェーデンのウプサラ大学，オレブロ大学名誉博士，マラーダレン大学で客員教授に就いた経歴をもっている。

　ビースタは現代を代表する教育哲学者の一人であり，彼の研究は国際的にも高く評価されている。これまでに，彼の著書や論文は，英語，日本語，中国語，オランダ語，ドイツ語，フランス語，イタリア語，スペイン語，ポルトガル語，カタルーニャ語，デンマーク語，フィンランド語，スウェーデン語，ノルウェー語，アイスランド語，ロシア語，ポーランド語，ルーマニア語で刊行されている。しかし，ビースタの教育理論というのは，世界の教育改革やカリキュラム改革の趨勢からすれば，時流に乗ったメインストリームをなすものとは必ずしも言えない。むしろ，ビースタ自身がそう述べるように（Biesta 2014），彼は，敢えて「教育学の周辺<ruby>周辺<rt>マージン</rt></ruby>」で論じることによって，教育学の中で「主流」や「中心」とされる言説や実践のパラダイムそれ自体に再考を促しているように思われる（本書の冒頭で引用されるメリューの文章は，そうした彼のアプローチの仕方を示唆してもいる）。

　ビースタの研究は，彼が大学院生のころにアドルノやハーバーマスの批判理論や，ドイツとアメリカの批判的教育学に関心を抱いたことから始まる。そして，当時，オランダではあまり広くは読まれていなかったデューイのプラグマティズムを研究テーマに選び，1992 年にライデン大学で博士の学位を

取得している。彼をアメリカ思想へと引き寄せたのは，リチャード・ローティのネオ・プラグマティズムであった。

　もっとも，2000 年前後を境に，プラグマティズムの教育思想がヨーロッパでも注目を浴び，教育学の「中心」の一つを占めつつある状況を迎えると，ビースタの関心は，デューイの実験主義から実存主義へと移行するようになる。とりわけ，ビースタに影響を与えたのは，デリダ，アレント，ハイデガー，レヴィナス，バウマン，ランシエールらの思想である。とくに，デリダの「脱構築」の概念は，彼に決定的な転換をもたらした。ビースタは，ローティの解釈とは逆に，プラグマティズムがなおも「基礎づけ主義」に陥っていることに疑問を抱くようになる。そして，必要なのは「よりラディカルな相互主観性の理解」であり，それには「脱構築的なプラグマティズム」が鍵になると考えるようになる。彼は，デューイの『民主主義と教育』（1916 年）を「子ども中心」ではなく「コミュニケーション中心」という観点から読み直し，「コミュニケーション」はつねに「脱構築の中にある」と捉えた（Biesta 2014）。この意味で，ビースタの議論は，アメリカとヨーロッパの教育思想を架橋する位置にあると言えるだろう。

　この時期の代表的な研究として，ビースタの最初の単著である『学習を超えて――人間の未来に向けた民主主義教育』（Biesta 2006）がある。彼は，「主体の死（death of the subject）」と表現される，人間主義（ヒューマニズム）に対するポストモダン的批判について論じている。それによれば，「人間の主体性」への批判は，「哲学的人間主義」に対する批判に向けられるべきであり，「人間の本質」を明らかにすることが可能であり，望ましいという理解に対する批判に限定されるべきだという。ビースタの教育論が照準を合わせるのは，「人間の本質」や「本性」ではなく，「人間の存在」についてである。具体的には，新参者は世界の中にどのように現れ，他者がどのように生成されるのかを明らかにすることである。ビースタは，それをアレントの「唯一性」や「複数性」の概念を用いることで，従来の「学習」概念を超えよう（beyond learning）とするのである。

　教育と教育研究の「周辺」をたどることで，その「中心」を捉え直す姿勢

は，本書の中で遺憾なく発揮されている。それは，教育の「学習化」とされる状況が進行する中で，「教授／教えること」と「教師」の意義と重要性を再発見する試みとして展開される。ビースタは，ときに権威主義的とも映るような「伝統的な教授」の形態——教師が話し，生徒が受動的に聞く——に対する唯一のオルタナティブは，「進歩主義的な学習」への転換だけであるという，しばしば見られる二項対立の枠組みに疑いの目を向ける。

　ビースタが皮肉を込めて述べるのは，今日，広く普及している，テクノロジーに媒介された教育形態——たとえば，TED トークや MOOCs，YouTube のようなもの——でさえも，ある人が話し説明し，他の人は聴講して学ぶという「従来型」の方式を採用していることであり，またリンカーンのゲティスバーグ演説やオバマの演説の中で，グループワークの話し合いがなかったとしても，それについて文句を言う人は誰もいなかったという事実である。ビースタが意図するのは，「教えること」は保守的で，「学ぶこと」が必然的に「解放的」であるという見方を回避し，「進歩主義的な系譜」から「教えること」と「教師」の理解を再構築することである。それは，「教科中心」か「子ども中心」かの二者択一を超えて「世界中心」の教育という「第三の選択肢」を探索することを意味している。

　今日の教育の「学習化」は，教師を「壇上にいる賢人」から「〔学習者の〕傍らにいる支援者」，さらには「〔学習者の〕後ろにいる仲間」へと追いやっているとビースタは指摘する。教師は「教えること」よりも「学習のファシリテーター」であることが優先され，それ以外の場面では，生徒の「自律的な学習プロセス」だけが進行することになる。確かに，「仲間の学習者」としての教師という考え方は魅力的ではあるけれども，教えるとは何か，教えることや教師との出会いから生徒は何を学び，教師は何をすべきかを考えるとき，それは充分に納得しうるものを提供することができない，と警鐘を鳴らしている。なかでも，ビースタが危惧するのは，「学習」概念の氾濫による「教師の不在」という事態である。生徒が環境との相互作用の中で自律的，効率的に学習し適応する様子を「ロボット掃除機」になぞらえているのは興味深い。ビースタによれば，その限界は，「自己完結的なエゴ」あるいは

155

「意識としての自己」を出発点として，そこから「主体の外部」を対象化する「エゴロジカルな世界観」にある。

一方で，ビースタは，教育による支配，管理，統制を暗示するような保守的で権威主義的な「教授」を復活させようとするのでもない。むしろ重要なのは，「伝統的な教授」と「進歩主義的な学習」という二項対立の中で，「教えること」と「教師」に対する「進歩主義的な議論」が欠落し忘却されているという問題である。それは，教育において「教えること」の大切さを回復する，一見，保守的に見えるが，「進歩主義的な系譜」に連なる「教授」概念である。そうした立場は，デューイが『経験と教育』（1938 年）で，「伝統的教育」か「進歩主義教育」かという二者択一を批判したこととも重なり合うように思われる。

ビースタは，デリダ，ハイデガー，レヴィナス，フレイレ，バウマン，リンギス，ランシエールらの議論を参照する。そして，教育と教育者の仕事というのは，「他の人間に，世界の中に成長した仕方で存在したいという欲望，すなわち主体として存在することの欲望」を引き起こすことであると述べる。それは「教えること」をとおして「異なる実存可能性」が開き始めることである。言い換えれば，「世界の中に，世界とともに成長した仕方で存在する」ことに向けた「実存可能性」である。ビースタは，「教えること」と「学ぶこと」の間に一定の距離を維持しようとしている。彼によれば，両者は，あたかも「teachingandlearning（教え学び／教学）」という一語であるかのように感じられるが，「教えること」が「学習」から自由になることで，世界の中に特定の仕方で存在する「異なる実存可能性」が開かれると言う。

ここで取り入れられるのが，「他者」に対する「応答責任」の概念であり，「私の内在性」を克服する「超越」の概念である。それは，見返りを期待することのない「贈り物（gift）」として外部から贈られるのであり，「内在性」の「中断」や「停止」を伴うのである。ビースタは，私たちの「了解」や「意味形成」を超えて，「対話者」として「他者」が現れる「公現」について論じている。「他者」が「私」に話しかけ，語りかけ，呼びつけるのであり，「私」は私の存在や私の意識の「中断」あるいは「断絶」として「外部」か

156

ら呼び出されるのである。このような「応答責任」は「自己の最初の現実」である。

　ビースタは，「不和」としての「教えること」によって生徒の「主体性」が現れるあり方について考察する。「教えること」と「教師」の「進歩主義的な議論」は，「統制としての教授」に対して「不和としての教授」を探る課題へと連続している。それは，既存の事柄の状態に「共約不可能な要素」を持ち込むことである。これによって，「伝統的」で「権威主義的」な教育に代わりうるのは，「教授」概念の消滅と，「学習」概念への転換だけであるという考えが破棄され，「教えること」が「自由」と「解放」に向けた「主体性」の現れをめぐる問いとして浮かび上がる。

　ところで，ビースタの「主体化」の議論については，補足しておく必要があるだろう。ビースタの「主体」の概念への関心は，アドルノのいう「アウシュヴィッツ以後の教育」を探究することに端を発している。また，アレントがイェルサレムでのアイヒマン裁判を「悪の陳腐さ」の概念から捉えたことは，権力や命令にただ従順に従うのではない「主体化」の概念を教育学において積極的に位置づける必要性を確信させることになった。ドイツやアメリカで展開された批判理論と批判的教育学の研究は，ビースタの「主体化」への着目の出発点になっている。

　ビースタは，『民主主義を学習する――教育・生涯学習・シティズンシップ』（Biesta 2011=2014）では，シティズンシップをめぐる「市民学習の社会化」と「主体化」の区別について論じている。「社会化の構想」は，市民学習を「既存の社会的・政治的な秩序の再生産」と解釈し，「秩序への個人の適応」を迫る一方で，「主体化の構想」は，「政治的行為主体の出現」を尊重し，「政治的主体性と政治的行為主体の現れ」を重視する。すなわち，前者が「既存の社会的・政治的な秩序の一部」となるための「将来のシティズンシップへの学習」であるのに対し，後者は現在進行中の「民主主義の『実験』」への関与にともなわれる学習，つまり「現在のシティズンシップからの学習」なのである。ビースタによれば，「民主主義政治」の本質は，「コンセンサス〔一致〕」の形成ではなく，「ディセンサス〔不一致／不和〕」の生成

であり，そのような対立する価値観の中で「公共的な対話」を促すことにある。シティズンシップと民主主義の学習は，「主体化」と「主体であること」に焦点をあてるものとなる。

　だが，本書でビースタが論じる「自由」と「解放」に向けた「主体化」の構想は，「反権威主義」を掲げることとも，被抑圧者のエンパワメントを促すこととも異なっている。というのも，「反権威主義」は，外部を否定し教えることを拒否することで「自由」を担保するか，あるいは教師が何らかの正しい「知識」をもっていることを前提に「別の権力」を駆動させ，「反権威」や「解放」を教え込むことにつながりかねないからである。そこに欠落するのは「超越」の問題であり，「不和」の問題である。こうして，ビースタは従来の批判的教育学や解放の教育学の限界を乗り越えようとする。

　ビースタはこの試みを，多くの要求をすることなく，きわめて慎重に進めていく。彼がランシエールの「解放」概念の中に読み取るのは，「教えること」が「知識」よりも，生徒の「自由」にかかわるということである。「解放する教師」は，生徒の資質のなさや能力のなさについての「知識」から始めるべきではない点で「無知」である。つまり，「解放する教師」が「無知」であるのは，そうした「知識」がないからではなく，むしろそれを「問題」とすることを拒否することによって，生徒の「知性」が「知性」それ自体を明らかにする「知性の平等」に立脚した「解放」へと向かうからである。

　このような「主体としての生徒」へのアプローチは，生徒ができることにかかわるいかなる「エビデンス」や「推定されたコンピテンス」が反対の方向を示したとしても，生徒が「主体として現れる未来」を信じ，子どもや生徒に，可能性としては見通し予測できないような「不可能なこと」を求めることを意味する。それは，子どもと生徒に「信頼」を贈ることであり，「信頼」を贈ることにともなう「リスク」を引き受けることでもある。それはまた，教師が生徒に「信仰」を置く「信仰の跳躍」へとつながるものであり，いまここで「目に見えるものを見る」のではなく，「見えないものを見る」ことである。こうした「応答責任」をとおして，生徒は，教師の意図や行為の「客体」ではなく，彼ら自身の「主体」として現れるのである。

では，ビースタの教育哲学は，現代の日本の教育理論，実践，政策を展望するうえで，どのような示唆を提供してくれるだろうか。近年，グローバル化社会や知識基盤社会の到来とともに，日本の学校とカリキュラムの改革では，「アクティブ・ラーニング」や「コンピテンシー・ベースのカリキュラム」が推進され，「活用型の学力」，「思考力・判断力・表現力」，「学びに向かう力」，「人間性」の育成などが奨励されている。教職の専門性についても，「学び続ける教員像」や「学びの専門家」としての教師像が掲げられ，教師は生徒の「主体的な学び」を促進する「ファシリテーター」であることが求められる傾向にある。「伝統的な教授」に代わって新しく現代的なのは，生徒の「主体的な学び」であったり，「自ら学び，自ら考える力」であったり，「主体的に課題を発見し，解決に導く力」であったりする。

　そのような状況で，「主体性」は「学ぶこと」に関連づけられる一方で，「教えること」や「教授」への視線は後景に退けられている感がある。「教えること」や「教授」を擁護する立場は，ときとして「伝統的な教育」への反動を彷彿させるものとなる。他方で，新たな「学習」概念の席巻が，生徒自身の「主体であること」や「解放」の議論へと結びつけられることは必ずしも多くない。ビースタの意図は，両方の潮流とは反対の方向へと向けられる。それは，「教えること」の消滅から「学習」への転換を促すのとも，「教授」の「保守的な考え方」への憧憬を喚起するのとも異なる方向である。彼は，「統制としての教授」と「自由としての学習」という構図を避けようとする。そして，「教えること」によって生徒の「自由」と「解放」が開かれる「他の実存可能性」や「不和としての教授」という考え方を導入する。「教えること」がすなわち「学ばれること」として直接的に一致するのではなく，両者の間に距離を保ち，「不和／不一致」が生じることで，生徒の「主体性」や「異なる実存可能性」が現れる。それによって，ビースタは，「伝統的な教授」と「進歩主義的な学習」という図式を超えて，「教えること」と「教授」についての「進歩主義的な意味」を探究する「第三の選択肢」を採用するのである。

　これまでの議論を総括すれば，ビースタの「主体」，「主体性」，「主体であ

ること」の概念から，今日の「アクティブ・ラーニング」や「主体的な学び」を捉える要点も見えてくる。すなわち，「主体的な学び」は「教えることの再発見」を要請する。生徒の「主体」は「内在性」ではなく，「超越」を必要とするのである。それは「他者」や「外部」から話しかけられ，語りかけられ，呼び覚まされることであり，「教えられ，教えることを受容する」ことであると言い換えることもできる。「教えること」は「生徒の自由」と「主体性」を制限し奪うのではなく，「教えられること」をとおして生徒の「解放」が行われ，「主体であること」が現れるという主張は示唆に富んでいる。とくに，生徒の能力のなさやコンピテンスのなさを示す，目に見える指標や結果を「問題」とすることよりも，いまここでは見通すことや予測することが困難である「不可能なこと」，すなわち「未来において存在する仕方」への訴えに「信頼」を置き，教師がその「リスク」を引き受けるという考え方は注目に値する。「主体的な学び」や「学びに向かう力」の育成が強調され，学校とカリキュラムの改革の主要な流れを形成する中で，「教えること」，「学ぶこと」，「主体であること」を問い直すビースタのアプローチの仕方は，ますます重要になると言えるだろう。

このように，教育と教育研究の「学習化」という枠組みから「教えること」と「教師」を問い直すビースタの理論は，一貫したものであり，説得力をもっている。アメリカとヨーロッパの思想的対話から紡がれた彼の言葉は，特有の魅力と批判力を備えている。教えるとは何か，教えることや教師との出会いから生徒は何を学ぶのか，生徒の主体性はどのように現れるのか，本書は「教授／教えること」を回復し再発見するための貴重な手がかりを提供してくれる。本書が教育，学校，教師に関心のある読者の期待に何らかの形で応えることができればと願っている。

本書の訳出は，2017 年 3 月にビースタに企画の相談をしたことがきっかけとなって始まった。ラウトリッジによる英語版の刊行前（同年 5 月刊行）であったが，彼は全面的に翻訳の支援をしてくれた。訳出に際しては，訳者（上野正道，山口裕毅，佐藤邦政，藤本奈美，仲田康一）がそれぞれの章を

担当し相互に調整した。訳語や訳文については，ある程度文脈に応じて訳し分けることを心がけた。たとえば，teaching と learning の概念は，内容によって「教授」あるいは「教えること」と，「学習」あるいは「学ぶこと」というように訳し分けた。

私にとって，ビースタの著書の翻訳出版は，前述の『民主主義を学習する——教育・生涯学習・シティズンシップ』に続いて二冊目となる。これまでに，ビースタがルクセンブルク大学の教授をしていた折に客員研究員として迎え入れていただいただけでなく，拙著 *Democratic Education and the Public Sphere: Towards John Dewey's Theory of Aesthetic Experience*, Milton Park, Abingdon, Oxon / New York: Routledge, 2015 を刊行した際には序文を執筆していただいたり，西洋の learning や Bildung の概念では必ずしも全体を捉えられない日本の「学び（Manabi）」の思想に関する共同研究プロジェクトに積極的な支援をしていただくなど，頻繁に交流をさせていただいてきた。

2017 年 12 月にオーストラリアのニューカッスルで開催されたオーストラルアジア教育哲学会（Philosophers of Education Society of Australasia）の大会では，ビースタは「教えることの再発見は必要か」というシンポジウムに，ジャネット・オーチャード，リズ・ジャクソン，スコット・ウェブスターと一緒に登壇した。シンポジウムでは，教師教育の中でビースタの教師像をどのように位置づけるのか，「学習」はいつ起きるのか，「教えることの再発見」の後に何がくるのか，といったテーマについて最新の研究発表と活発な議論が展開された。

同学会の大会期間中に，ビースタに長時間のインタビューを実施することができた。私が「壇上にいる賢人」から「傍らにいる支援者」，さらには「後ろにいる仲間」へと移行した後に，「教えることの再発見」を象徴する教師のイメージとは何かを聞いた際には，ビースタはしばらく沈黙してから「対極に立つ人（a person who stands at the opposite）」という言い回しで応答してくれた。また，私が同大会で行った日本の「学び」の思想を主題にした共同発表（learning のオルタナティブとしての Manabi の研究）にかかわり，

161

ビースタの「beyond learning（学習を超えて）」の主張に対し，日本の「学び」は「beyond teaching / learning」を含むのではないか，といった話題も出た。

そのうえで，ビースタは自らの教育学について，従来の批判的教育学とは異なる「新たな解放の教育学（new emancipatory education）」を提唱するものだと話してくれた。それは，個人のニーズと欲望に従った「選択」を基本とする「新自由主義」に対し，欲求や選択そのものを問い直す「自由」と「解放」へと向けた「民主主義教育」を擁護するものであると言う。「学ぶこと」とは何か，「教えること」をどのように考えるか，毎回，ビースタとのディスカッションは尽きることがない。いつも私の質問に一つひとつ丁寧に応え，自由でユーモアに満ちた対話の場を提供してくれるビースタの応答には，たくさんの示唆とアイデアが込められている。深く感謝申し上げたい。

最後に，東京大学出版会の後藤健介氏には，企画段階より貴重な支援をいただき，あたたかく的確なアドバイスをいただいた。心よりお礼申し上げたい。

上 野 正 道

文　献

Biesta, G. J. J.（2006）. *Beyond learning: Democratic education for a human future*, Boulder, CO: Paradigm Publishers.

Biesta, G. J. J.（2011）. *Learning democracy in school and society: Education, lifelong learning, and the politics of citizenship*, Rotterdam/Boston/Taipei: Sense Publishers.（ビースタ，ガート『民主主義を学習する――教育・生涯学習・シティズンシップ』上野正道，藤井佳世，中村（新井）清二訳，勁草書房，2014 年.）

Biesta, G. J. J.（2014）. "From experimentalism to existentialism: Writing from the margins of philosophy of education," Waks L.（ed）, *Leaders in philosophy of education. Volume II*（pp. 13-30）. Rotterdam/Boston/Taipei: Sense Publishers.

参考文献

Andreotti, V. (2011). *Actionable postcolonial theory in education*. New York: Palgrave/ Macmillan.

Arendt, H. (1958). *The human condition*. Chicago: The University of Chicago Press. (ハンナ・アレント『人間の条件』志水速雄訳, 筑摩書房, 1994 年)

Arendt, H. (1977 [1961]). *Between past and future: Eight exercises in political thought*. Enlarged edition. Harmondsworth/New York: Penguin books. (ハンナ・アーレント『過去と未来の間――政治思想への 8 試論』引田隆也, 齋藤純一訳, みすず書房, 1994 年)

Bauman, Z. (1993). *Postmodern ethics*. Oxford: Wiley-Blackwell.

Biesta, G. J. J. (1999). Radical Intersubjectivity. Reflections on the "different" foundation of education. *Studies in Philosophy and Education* 18(4), 203–220.

Biesta, G. J. J. (2004) "Mind the gap!" Communication and the educational relation. In C. Bingham & A. M. Sidorkin (eds), *No education without relation* (pp. 11–22). New York: Peter Lang.

Biesta, G. J. J. (2006). *Beyond learning: Democratic education for a human future*. Boulder, CO: Paradigm Publishers.

Biesta, G. J. J. (2007). Why 'what works' won't work. Evidence-based practice and the democratic deficit of educational research. *Educational Theory* 57(1), 1–22.

Biesta, G. J. J. (2008). Pedagogy with empty hands: Levinas, education and the question of being human. In D. Egéa-Kuehne (ed), *Levinas and education: At the intersection of faith and reason* (pp. 198–210). London/New York: Routledge.

Biesta, G. J. J. (2009a). Biesta, G. J. J. (2009). Good education in an age of measurement: On the need to reconnect with the question of purpose in education. *Educational Assessment, Evaluation and Accountability* 21(1), 33–46.

Biesta, G. J. J. (2009b). Pragmatism's contribution to understanding learning-in-context. In R. Edwards, G. J. J. Biesta & M. Thorpe (eds), *Rethinking Contexts for Teaching and Learning. Communities, activities and networks* (pp. 61–73). London/New York: Routledge.

163

Biesta, G. J. J. (2009c). What is at stake in a pedagogy of interruption? In T. E. Lewis, J. G. A. Grinberg and M. Laverty (eds), *Philosophy of Education: Modern and Contemporary Ideas at Play* (pp. 785–807). Dubuque, IA: Kendall/Hunt.

Biesta, G. J. J. (2010a). *Good education in an age of measurement: Ethics, politics, democracy.* Boulder, Co: Paradigm Publishers. (ガート・ビースタ『よい教育とはなにか——倫理・政治・民主主義』藤井啓之, 玉木博章訳, 白澤社, 2016年)

Biesta, G. J. J. (2010b). A new 'logic' of emancipation: The methodology of Jacques Ranciere. *Educational Theory* 60(1), 39–59.

Biesta, G. J. J. (2010c). Learner, student, speaker. Why it matters how we call those we teach. *Educational Philosophy and Theory* 42(4), 540–552.

Biesta, G. J. J. (2010d). How to exist politically and learn from it: Hannah Arendt and the problem of democratic education. *Teachers College Record* 112(2), 558–577.

Biesta, G. J. J. (2011a). The ignorant citizen: Mouffe, Rancière, and the subject of democratic education. *Studies in Philosophy and Education* 30(2), 141–153.

Biesta, G. J. J. (2011b). Disciplines and theory in the academic study of education: A comparative analysis of the Anglo-American and Continental construction of the Field. *Pedagogy, Culture and Society* 19(2), 175–192.

Biesta, G. J. J. (2012a). No education without hesitation. Thinking differently about educational relations. In C. Ruitenberg et al. (eds), *Philosophy of education 2012* (pp. 1–13). Urbana-Champaign, IL: PES.

Biesta, G. J. J. (2012b). Giving teaching back to education. Responding to the disappearance of the teacher. *Phenomenology and Practice* 6(2), 35–49.

Biesta, G. J. J. (2013a). Receiving the gift of teaching: From 'learning from' to 'being taught by.' *Studies in Philosophy and Education* 32(5), 449–461.

Biesta, G. J. J. (2013b). Interrupting the politics of learning. *Power and Education* 5(1), 4–15.

Biesta, G. J. J. (2014). *The beautiful risk of education.* Boulder, CO: Paradigm Publishers.

Biesta, G. J. J. (2015). Resisting the Seduction of the Global Education Measurement Industry: Notes on the Social Psychology of PISA. *Ethics and education* 10(3), 348–360.

Biesta, G. J. J. (2016). Democracy and education revisited: Dewey's democratic deficit. In S. Higgins & F. Coffield (eds), *John Dewey's education and democracy: A British*

参考文献

tribute (pp. 149-169). London: IoE Press.

Biesta, G.J.J. (2017). *Letting art teach. Art education 'after' Joseph Beuys*. Arnhem: ArtEZ Press.

Biesta, G.J.J. (in press). Creating spaces for learning or making room for education? The architecture of education revisited. In H. Daniels & A. Stables. Title. London/New York: Routledge.

Biesta, G.J.J. & Bingham. C. (2012). Response to Caroline Pelletier's review of Jacques Rancière: Education, truth, emancipation. *Studies in Philosophy and Education* 31 (6), 621-623.

Biesta, G.J.J. & Burbules, N. (2003) *Pragmatism and Educational Research* (Lanham, MD, Rowman and Littlefield).

Biesta, G.J.J. & Säfström, C.A. (2011). A manifesto for education. *Policy futures in education* 9(5), 540-547.

Biklen, D. & Cardinal, D.N. (1997). Reframing the issue: Presuming competence. In D. Biklen & D.N. Cardinal (eds), *Contested words, contested science: Unraveling the facilitated communication controversy* (pp. 187-198). New York: Teachers College Press.

Bingham, C. (2008). *Authority is relational. Rethinking educational empowerment*. Albany, NY: SUNY Press.

Bingham, C. & Biesta, G.J.J. (2010). *Jacques Rancière: Education, truth, emancipation*. London/New York: Continuum.

Carusi, F.T. (in press). Why bother teaching? Despairing the ethical through teaching that does not follow. *Studies in Philosophy and Education*.

Chambers, S.A. (2013). Jacques Rancière's lesson on the lesson. *Educational Philosophy and Theory* 45(6), 637-646.

Citton, Y. (2010). The ignorant schoolmaster: Knowledge and authority. In J.-P. Deranty (ed), *Jacques Rancière: Key concepts* (pp. 25-37). Durham: Acumen.

Cohen, R.A. (2006) Introduction. In E. Levinas, *Humanism of the Other* (pp. vii-xliv). Urbana/Chicago: Illinois University Press.

Counts, G. (1971). A humble autobiography. In R.J. Havighurst (ed), *Leaders of American education: The Seventieth yearbook of the National Society for the Study of Education* (pp. 151-171). Chicago: Chicago University Press.

Critchley, S. (1999). *Ethics, politics, subjectivity*. London/New York: Verso.

165

Critchley, S. (2014). Levinas and Hitlerism. *Graduate Faculty Philosophy Journal* 35 (1-2), 223-249.

Department for Education (2010). The importance of teaching. The schools white paper 2010. London : Her Majesty's Stationery Office.

Derrida, J. (1992a) *Given time: I. Counterfeit Money*, trans. P. Kamuf. Chicago/ London: University of Chicago Press.

Derrida, J. (1992b). Force of law. The 'mystical foundation of authority.' In D. Cornell, M. Rosenfeld & D.G. Carlson (eds), *Deconstruction and the possibility of justice* (pp.3-67). New York/London: Routledge. (ジャック・デリダ『法の力——権威の神秘的基礎』堅田研一訳，法政大学出版局，2011 年)

Derrida, H. (1995) *The gift of death*. Trans. D. Wills. Chicago/London: University of Chicago Press. (ジャック・デリダ『死を与える』広瀬浩司，林好雄訳，筑摩書房，2004 年)

Dewey, J. (1925) *Experience and nature*, in Jo Ann Boydston (ed), *John Dewey. The later works (1925-1953), Volume 1* (Carbondale and Edwardsville, Southern Illinois University Press). (J. デューイ『デューイ＝ミード著作集 4　経験と自然』河村望訳，人間の科学新社，2017 年)

Dewey, J. (1933). *How we think. A restatement of the relation of reflective thinking to the educative process*. Boston, MA: D.C. Heath and Company. (ジョン・デュウイー『思考の方法』植田清次訳，春秋社，1950 年)

Dewey, J. (1966 [1916]). *Democracy and education*. New York: The Free Press. (デューイ『民主主義と教育』松野安男訳，岩波書店，1975 年．デューイ『民主主義と教育』金丸弘幸，玉川大学出版部，1984 年．J. デューイ『デューイ＝ミード著作集 9　民主主義と教育』河村望訳，人間の科学新社，2017 年)

Donaldson, G. (2010). *Teaching Scotland's future: Report of a review of teacher education in Scotland*. Edinburgh: Scottish Government.

Drerup, J. (2015). Autonomy, perfectionism and the justification of education. *Studies in Philosophy and Education* 34(1), 63-87.

Eagleton, T. (2007). *Ideology: An introduction. New and updated edition*. London/ New York: Verso. (テリー・イーグルトン『イデオロギーとは何か』大橋洋一訳，平凡社，1999 年)

Ellsworth, E. (1989). Why doesn't this feel empowering? Working through the repressive myths of critical pedagogy. *Harvard Educational Review* 59(3), 297-325.

参考文献

Engels-Schwarzpaul, A.-C. (2015). The ignorant supervisor: About common worlds, epistemological modest and distributed knowledge. *Educational Philosophy and Theory* 47(12), 1250-1264.

Fabian, J. (1983). *Time and the other. How anthropology makes its object.* New York: Columbia University Press.

Faure, E., Herrera, F., Kaddoura, A.-R., Lopes, H., Petrovsky, A.V., Rahnema, M. & Champion Ward, F. (eds) (1972). *Learning to be. The world of education today and tomorrow.* Paris: UNESCO.

Fenstermacher, G.D. (1986). Philosophy of research on teaching: Three aspects. In M.C. Wittrock (ed), *Handbook of research on teaching (3rd edition)* (pp. 37-49). New York: MacMillan; London: Collier Macmillan.

Field, J. (2000). *Lifelong learning and the new educational order.* Stoke-on-Trent: Trentham.（ジョン・フィールド『生涯学習と新しい教育体制』矢野裕俊, 埋橋孝文, 赤尾勝己, 伊藤知子訳, 2004 年)

Freire, P. (1993). *Pedagogy of the oppressed. New, revised 20th anniversary edition.* New York: Continuum.（パウロ・フレイレ『被教育者の教育学』小沢有作・楠原彰・柿沼秀雄・伊藤周訳, 亜紀書房, 1979 年；パウロ・フレイレ『被抑圧者の教育学――新訳』三砂ちづる訳, 亜紀書房, 2011 年)

Galloway, S. (2012). Reconsidering emancipatory education: Staging a conversation between Paulo Freire and Jacques Rancière. *Educational Theory* 62(2), 163-184.

Gordon, D. (2012). *Continental divide. Heidegger, Cassirer, Davos.* Harvard, MA: Harvard University Press.

Hallward, P. (2005). Jacques Rancière and the subversion of mastery. *Paragraph* 28, 26-45.

Halpin, D. (2003) *Hope and education: The role of the utopian imagination*, London, Routledge-Falmer.

Heydorn, H. J. (1972) *Zu einer Neufassung des Bildungsbegriffs* [*Towards a new articulation of the concept of 'Bildung'.*] Frankfurt am Main: Suhrkamp.

Hodkinson, P., Biesta, G. J. J. & James, D. (2008). Understanding learning culturally: Overcoming the dualism between social and individual views of learning. *Vocations and Learning* 1(1), 27-47.

Hudak, G. (2011). Alone in the presence of others: Autistic sexuality and intimacy reconsidered. In D. Carlson & D. Roseboro (eds), *The sexuality curriculum and youth culture* (pp. 57-70). New York: Peter Lang.

Ileris, K. (2008). *Contemporary theories of learning*. London: Routledge.

Jaeger, W. (1945). *Paideia: The ideals of Greek culture*. New York, NY: Oxford University Press.

Kant, I. (1982). Über Pädagogik. [On Education]. In I. Kant, *Schriften zur Anthropologie, Geschichtsphilosophie, Politik und Pädagogik*. [*Writings on anthropology, the philosophy of history, politics and education.*] (pp. 691-761). Frankfurt am Main: Insel Verlag. (カント『教育学講義　世界教育学選集〈60〉』勝田守一，伊勢田耀子訳，明治図書出版，1971 年)

Kant, I. (1992 [1784]). An answer to the question 'What is Enlightenment?' in *Post-Modernism: A Reader* ed., Patricia Waugh (London: Edward Arnold, 1992), 90. (カント『啓蒙とは何か』篠田英雄訳，岩波書店，1974 年．カント『永遠平和のために／啓蒙とは何か』中山元訳，光文社，2006 年)

Klafki, W. (1986). Die Bedeutung der klassischen Bildungstheorien fur eine zeitgemasses Konzept von allgemeiner Bildung [The significance of classical theories of 'Bildung' for a contemporary conception of general; 'Bildung'.] *Zeitschrift fur Padagogik*, 32(4), 455-476.

Klafki, W. & Brokmann, J.-L. (2003). *Geisteswissenschaftliche Pädagogik und Nationalsozialismus. Herman Nohl und seine 'Göttinger Schule', 1932-1937*. Weinheim: Beltz.

Kneyber, R. & Evers, J. (eds) (2015). *Flip the system: Changing education from the bottom up*. London: Routledge.

Komisar, P. (1968). Teaching: Act and enterprise. *Studies in Philosophy and Education* 6(2), 168-193.

Lankshear, C. & McLaren, P. (1994). *The politics of liberation: Paths from Freire*. New York: Routledge.

Levinas, E. (1969 [1961]). *Totality and infinity: An essay on exteriority*. Pittsburgh (Pa) & The Hague: Duquesne University Press & Martinus Nijhoff. (エマニュエル・レヴィナス『全体性と無限』熊野純彦訳，岩波書店，2005 年)

Levinas, E. (1985). *Ethics and infinity. Conversations with Philippe Nemo*. Pittsburgh, PA: Duquesne University Press. (エマニュエル・レヴィナス『倫理と無限──フィリップ・ネモとの対話』西山雄二訳，筑摩書房，2010 年)

Levinas, E. (1989). Revelation in the Jewish tradition, in S. Hand (ed), *The Levinas reader* (pp. 190-211). Oxford: Blackwell.

Levinas, E. (1990[1934]). Reflections on the philosophy of Hitlerism. Translated by Seán Hand. *Critical Inquiry* 17(1), 62-71.

Levinas, E. (1994). *Outside the subject*. Stanford, CA: Stanford University Press. (エマニュエル・レヴィナス『外の主体』合田正人訳, みすず書房, 1997 年)

Levinas, E. (2006). *Humanism of the other. Translated by Nidra Poller with an introduction by Richard A. Cohen*. Urbana and Chicago: Illinois University Press. (エマニュエル・レヴィナス『他者のユマニスム』小林康夫訳, 書肆風の薔薇, 1990 年)

Levinas, E. (2008). Meaning and Sense. In A. T. Peperzak, S. Critchley & R. Bernasconi (eds), *Emmanuel Levinas: Basic philosophical writings* (pp. 33-64). Bloomington, IN: Indiana University Press.

Lewis T. (2012). *The aesthetics of education. Theatre, curiosity and politics in the work of Jacques Ranciere and Paulo Freire*. London/New York: Bloomsbury.

Lingis, A. (1994). *The community of those who have nothing in common*. Bloomington, IN: Indiana University Press. (アルフォンソ・リンギス『何も共有していない者たちの共同体』野谷啓二訳, 洛北出版, 2006 年)

Løvlie, L. (2002). Rousseau's insight. *Studies in Philosophy and Education* 21(4-5), 335-341.

Luhmann, N. (1984) *Soziale Systeme: Grundriß einer allgemeinen Theorie*. Frankfurt am Main: Suhrkamp. (ニクラス・ルーマン『社会システム理論』佐藤勉監訳, 恒星社厚生閣, 1993 年)

Luhmann, N. (1995) *Social systems*. Stanford, CA: Stanford University Press.

MacMillan, C. J. B. & Nelson, T. (eds) (1968). *Concepts of teaching*. Chicago: Rand McNally.

Masschelein, J. (1997). In defence of education as problematisation: some preliminary notes on a strategy of disarmament (pp. 133-149). In D. Wildemeersch, M. Finger & T. Jansen (eds), Adult education and social responsibility: Reconciling the irreconcilable? Frankfurt & Bern: Peter Lang.

Maturana, H. R. & Varela, F. J. (1980). *Autopoiesis and cognition: The realization of the living*. Dordrecht: D. Reidel Publishing Company. (H.R. マトゥラーナ, F.J. ヴァレラ『オートポイエーシス——生命システムとは何か』河本英夫訳, 国文社, 1991 年)

McKinsey & Co. (2007). McKinsey Report: How the world's best performing school systems come out on top. http://mckinseyonsociety.com/downloads/reports/ Education/Worlds_School_Systems_Final.pdf (accessed 07/01/15).

McLaren, P. (1997). *Revolutionary multiculturalism: Pedagogies of dissent for the new millennium*. Boulder, Co.: Westview Press.

Meirieu, P. (2007). *Pédagogie: Le devoir de résister*. Issy-les-Moulineaux: ESF éditeur.

Mollenhauer, K. (1976[1968]). *Erziehung und Emanzipation (6th edition)*. [*Education and emancipation*.] München: Juventa.

Mollenhauer, K. (1986). Zur Entstehung der modernen Konzepts von Bildungszeit. In K. Mollenhauer, *Umwege: Über Bildung, Kunst und Interaktion* (pp. 68-92). Weinheim: Juventa. (クラウス・モレンハウアー『回り道——文化と教育の陶冶論的考察』眞壁宏幹, 今井康雄, 野平慎二訳, 玉川大学出版部, 2012 年)

Noddings, N. (2012). *Philosophy of education. Third edition*. Boulder, CO: Westview Press. (ネル・ノディングス『教育の哲学——ソクラテスから〈ケアリング〉まで』宮寺晃夫監訳, 世界思想社, 2006 年)

OECD (2005). *Teachers matter: Attracting, developing and retaining effective teachers*. Paris: OECD.

Pelletier, C. (2012). Review of Charles Bingham and Gert Biesta, Jacques Rancière: Education, truth, emancipation, Continuum 2010. *Studies in Philosophy and Education* 31(6), 613-619.

Peters, R. S. (1967). What is an educational process? In R. S. Peters (ed), *The concept of education* (pp. 1-23). London: Routledge & Kegan Paul.

Priestley, M., Biesta, G. J. J. & Robinson, S. (2015). *Teacher agency: An ecological approach*. London: Bloomsbury.

Rancière, J. (1991). *The ignorant schoolmaster. Five lessons in intellectual emancipation. Translated and with an introduction by Kristin Ross*. Stanford, CA: Stanford University Press. (ジャック・ランシエール『無知な教師——知性の解放について』梶田裕, 堀容子訳, 法政大学出版局, 2011 年)

Rancière, J. (2003). *The philosopher and his poor*. Durham & London: Duke University Press.

Rancière, J. (2009). *The emancipated spectator*. London: Verso. (ジャック・ランシエール『解放された観客』梶田裕訳, 法政大学出版局, 2013 年)

Rancière, J. (2010). On ignorant schoolmasters. In C. Bingham & G. J. J. Biesta, *Jacques Rancière: Education, truth, emancipation* (pp.1-24). London/New York:

Continuum.

Rancière, J. (2011). Ebbing the tide. An interview with Jacques Rancière. In P. Bowman & R. Stamp (eds), *Reading Rancière: Critical dissensus* (pp. 238-251) London/New York: Continuum.

Richardson, V. (2003). Constructivist pedagogy. *Teachers College Record* 105(9), 1623-1640.

Roberts, P. (2014). *The impulse society. What is wrong with getting what we want.* London: Bloomsbury.（ポール・ロバーツ『「衝動」に支配される世界——我慢しない消費者が社会を食いつくす』東方雅美訳，ダイヤモンド社，2015 年）

Rogers, G. (1969). *Freedom to learn. A view of what education might become.* Columbus, OH: Charles E. Merrill.（カール・ロジャース，H. ジェローム・フライバーグ『学習する自由』畠瀬稔，村田進訳，コスモスライブラリー，2006 年）

Roth, W.-M. (2011). *Passability. At the limits of the constructivist metaphor.* Dordrecht/Boston: Springer Science & Business Media.

Ryle, G. (1952). *The concept of mind.* London: Hutchinsons.（ギルバート・ライル『心の概念』坂本百大，井上治子，服部裕幸訳，みすず書房，1987 年）

Sartre, J.P. (2007 [1946]). *Existentialism is a humanism* (translated by Carol Macomber, introduction by Annie Cohen-Solal, notes and preface by Arlette Elkaïm-Sartre). New Haven: Yale University Press.（J-P・サルトル『実存主義とは何か』伊吹武彦訳，人文書院，1996 年）

Schaffar, B. (2009). *Allgemeine Pädagogik im Zwiespalt: Zwischen epistemologische Neutralität und moralischer Einsicht.* Würzburg: Ergon Verlag.

Smeyers, P. & Depaepe, M. (eds) (2006). *Educational research: Why 'what works' doesn't work.* Dordrecht: Springer.

Sonderegger, R. (2014). Do we need others to emancipate ourselves? Remarks on Jacques Rancière. *Krisis. Journal for Contemporary Philosophy* 34(1), 53-67.

Spivak, G. C. (1988). Can the subaltern speak? In C. Nelson & L. Grossberg (eds), *Marxism and the interpretation of culture* (pp. 271-313). Urbana: University of Illinois Press.（ガヤトリ・C・スピヴァク『サバルタンは語ることができるか』上村忠男訳，みすず書房，1998 年）

Spivak, G.C. (2004). Righting the wrongs. *South Atlantic Quarterly* 103(2/3), 523-581.

Stamp, R. (2013). Of Slumdogs and Schoolmasters: Jacotot, Rancière and Mitra on self-organized learning. *Educational Philosophy and Theory* 45(6), 647–662.

Stanley, W. B. (1992). *Curriculum for utopia: Social reconstructionism and critical pedagogy in the postmodern era.* Alabany NY: SUNY Press.

Thompson, A. (1997). What to do while waiting for the revolution. Political pragmatism and performance pedagogy. In S. Laird et al. (ed), *Philosophy of Education 1997* (pp. 189–197). Urbana-Champaign, IL: Philosophy of Education Society.

Torgersen, G.-E. (ed) (2015). *Pedagogikk for det uforutsette.* [Education for the unforeseen.] Bergen: Fagbokforlaget.

Varela, F. J., Maturana, H. R. & Uribe, R. (1974). Autopoiesis: The organization of living systems, its characterization and a model, *Biosystems* 5(4), 187–196.

von Braunmühl, E. (1975). *Antipädagogik. Studien zur Abschaffung der Erziehung.* Weinheim: Beltz.

Yang, J. & Valdés-Cotera, R. (eds) (2011). *Conceptual evolution and policy developments in lifelong learning.* Hamburg: UNESCO Institute for Lifelong Learning.

Zhao, G. (2014) Freedom reconsidered: Heteronomy, open subjectivity, and the 'gift of teaching,' *Studies in Philosophy and Education* 33(5), 513–525.

Zhao, G. (2015) From the philosophy of consciousness to the philosophy of difference: The subject of education after humanism. *Educational Philosophy and Theory* 47 (9), 958–969.

原著者紹介

ガート・ビースタ（Gert J. J. Biesta）1957 年オランダ生まれ，エクセター大学教授，スターリング大学教授，ルクセンブルク大学，ブルネル大学ロンドン教授等を経て，現在，メイヌース大学教授．邦訳に，『民主主義を学習する——教育・生涯学習・シティズンシップ』（上野正道・藤井佳世・中村（新井）清二訳，勁草書房，2014 年），『よい教育とはなにか——倫理・政治・民主主義』（藤井啓之・玉木博章訳，白澤社，2016 年），『学習を超えて』（田中智志・小玉重夫監訳，東京大学出版会，2021 年），『教育の美しい危うさ』（田中智志・小玉重夫監訳，東京大学出版会，2021 年），『教育にこだわるということ』（上野正道監訳，東京大学出版会，2021 年）．

訳者紹介

上野正道（うえの・まさみち）［監訳，日本語版への序文，3 章，訳者解説］上智大学総合人間科学部教授，山東師範大学客員教授，一般社団法人東アジア教育研究所所長．『学校の公共性と民主主義——デューイの美的経験論へ』（東京大学出版会，2010 年），『民主主義への教育——学びのシニシズムを超えて』（東京大学出版会，2013 年），『東アジアの未来をひらく学校改革——展望と挑戦』（共編著，北大路書房，2014 年），*Democratic Education and the Public Sphere: Towards John Dewey's Theory of Aesthetic Experience* (Routledge, 2015)，ほか．

山口裕毅（やまぐち・ゆうき）［プロローグ，1 章］兵庫県立大学環境人間学部講師．「徳倫理学の再興序説としてのアンスコム行為論——多元的社会における教育哲学への示唆」（『教育哲学研究』105 号，2012 年），『やさしく学ぶ教育原理』（共著，ミネルヴァ書房，2018 年），『教職のための学校と教育の思想と歴史』（共著，三恵社，2018 年），ほか．

佐藤邦政（さとう・くにまさ）［2 章］茨城大学教育学部社会選修（倫理学）助教．『善い学びとはなにか——〈問いほぐし〉と〈知の正義〉の教育哲学』（新曜社，2019 年），ミランダ・フリッカー『認識的不正義——権力は知ることの倫理にどのようにかかわるのか』（監訳，勁草書房，2023 年），ほか．

藤本奈美（ふじもと・なみ）［4章］愛知教育大学講師．「メイラ・レヴィンソンによる市民性教育──その原理とカリキュラム」（『京都大学大学院研究科紀要』第 62 号，2016 年），"Division of Reason/Emotion and 'Distribution of the Sensible': Reading James M. Coetzee's Tanner Lectures" (*Political Emotions: Proceedings of the International Frontiers in Research and Education*, Graduate School of Education, Kyoto University, and Institute of Education, University of London, 2016)，「ランシエールの『知識の美学＝感性論』──市民性教育の再考」（『京都大学大学院教育学研究科紀要』65 号，2019 年），ほか．

仲田康一（なかた・こういち）［5章，エピローグ］法政大学キャリアデザイン学部准教授．『コミュニティ・スクールのポリティクス──学校運営協議会における保護者の位置』（勁草書房，2015 年），「英国アカデミー政策と教育ガバナンス──その概要・評価・民主主義をめぐって」（『季刊教育法』191 号，2016 年），「『スタンダード化』時代における教育統制レジーム」（『日本教育行政学会年報』44 号，2018 年），クリスティ・クルツ『学力工場の社会学』（監訳，明石書店，2020 年），ほか．

人名索引

アドルノ，Th.　153, 157
アップル，M.　96
アレント，H.　3, 16-19, 21-22, 24, 28,
　　149, 154, 157
ヴィゴツキー，L. S.　134
エンゲルス，F.　97
オバマ，B.　155

カーディナル，D. N.　144
カウンツ，G.　1, 96
カント，I.　51, 95, 136
キルケゴール，S. A.　145
コミザール，P.　38-39
コールバーグ，L.　134

サルトル，J.-P.　16
シェフラー，I.　39
ジャオ，G.　69
ジャコト，J.　106, 110-11, 113, 117, 119,
　　122
シャファー，B.　137
シュヴァーツパウル，E.　118
シュライエルマッハー，F.　134
ジルー，H.　96
セーヴストロム，C. A.　130

チェインバース，S. A.　118
デューイ，J.　38, 73-74, 134, 153-54, 156
デリダ，J.　9, 78, 129, 150, 154, 156

ハーバーマス，J.　96, 153
ハイデガー，M.　16, 83-84, 154, 156
バウマン，Z.　20, 69, 153, 156

ハダック，G.　143-44
バレーラ，F.　72
ピアジェ，J.　51, 134
ビクレン，D.　144
ファビアン，J.　137
フェヌロン，F. de　107
フェンスタマッハー，G.　41, 44
フッサール，E.　80
プラトン　50, 75
ブランケルツ，H.　96
フレイレ，P.　9, 93, 99-106, 108, 110,
　　114-16, 119-20, 124, 147, 156
ペルティエ，C.　118

マクラーレン，P.　96
マッシェライン，J.　139
マトゥラーナ，H. R.　72
ミード，G. H.　74
メリュー，P.　14, 66, 149, 153
モレンハウアー，K.　96, 135

ランシエール，J.　9, 93-94, 106-26, 129,
　　140, 145, 153, 156
リサート，J.　64
リチャードソン，V.　65
リンカーン，A.　65, 155
リンギス，A.　156
ルーマン，N.　72
ルソー，J.-J.　95
レヴィナス，E.　8, 19-22, 24, 26, 28, 64,
　　69-70, 73-88, 93, 128, 139, 149-50, 153,
　　156
ローティ，R.　154

事項索引

あ 行

アイデアリズム　130-31
アイデンティティ　2, 12, 15, 19, 21, 46, 48, 50, 58-59, 100, 102, 117
あるもの　130-32, 143
意志　23, 111, 122
異時間化　137
維持　31-32, 34, 63
一致としての教授　138
イデオロギー　96-97, 115
意味形成　ii, 3, 5, 7-8, 36-37, 48, 51-52, 57, 64, 75-76, 80, 89, 118, 123, 126, 150, 156
意味作用　68, 74-77, 79-85, 89-90, 92, 124-26, 128, 150
後ろにいる仲間　2, 88, 155, 161
ADHD（注意欠陥・多動性障害）　131
エゴ　26, 68, 79, 82, 84, 92, 155
エゴロジカル　26-27, 68-70, 79, 83, 92, 156
エンパワメント　139-40, 158
エビデンス　2, 5, 9, 129, 131, 142, 145-46, 158
応答責任　11, 14, 20-21, 33, 36, 63, 69, 82, 86, 131, 148, 156, 158
オートポイエーシス　72
臆見　112

か 行

解釈　8, 48-49, 60, 67-68, 73, 90, 120, 124
解釈学的な世界観　73-74, 84, 87, 89
解放　8, 14, 93-98, 100, 102, 106, 108, 110-17, 119-21, 124-25, 128, 140, 147, 157-59
解放する教師　119-21, 126, 158
解放する教授　94, 106, 114-15, 122, 125, 146
解放としての教育　118

解放の教育　8-9, 93-94, 98, 101, 103, 113, 117, 124-25
解放の教育学　97, 118, 158, 162
解放の教育の近代的論理　110, 115
解放の近代的論理　97-99, 103, 116
顔　81-82, 84
学習化　xii, 36, 43, 155, 160
学習機会　72
学習者　1-3, 36, 42, 46, 48, 51, 54, 58-59, 72, 80, 88-89, 123, 134, 136, 147-48, 155
学習障害　131
学習成果　xi, 2, 36, 148, 151
学習の言語　35, 43-44, 46
学習の政治学　46-47, 54
課題提起型教育　105
語りかけ　ii, iv, 4, 6, 8, 20, 37, 49, 53, 61, 68, 74, 82-84, 90, 128, 139, 150, 156
傍らにいる支援者　2, 3, 88, 155, 161
学校教育　113, 133, 135-36, 148
感性的なものの配分　129, 145
客体　ii, 3, 5, 18, 21, 29-30, 91, 100-01, 140, 147, 150
教育における時間　133
教育の課題　7, 11-14, 22, 25, 28-29, 31, 33, 127, 134, 139
教育の仕事　i, 28, 31, 33, 128
教化　147
教授学　136
共約不可能な要素　9, 129, 140, 142, 145, 157
銀行型教育　99, 101-02, 106-07, 114
愚鈍化　108, 110-11, 120
啓示　84-86, 88
権威　2, 7, 15, 32-33, 63, 66, 91, 148
権威主義　3, 9, 91, 116, 157
権威主義的な教授　66
現象　81

現代構成主義　118
権力　14-15, 32-33, 97-98, 137, 142, 144
行為　3, 9, 13, 16-18, 21, 25-27, 38-39, 52,
　68, 73-74, 92, 94, 98-99, 101-02, 104-06,
　108-09, 111, 124, 126, 133
公現　83, 156
構成　50, 52-53, 76, 79, 85
構成主義　51, 119, 122-23
構成主義者　51, 94, 113, 121-24
コミュニケーション　65, 76, 81-84, 154
コンピテンス，コンピテンシー　72, 129,
　138-40, 143-45, 158, 160
コンピテンスの推定　143

さ　行

自我　26, 82, 84, 92
資格化　45, 139
時間的な論理　128, 132, 135, 137, 139
時間割とカリキュラム　135
自己　14, 16, 20, 24-25, 68-70, 81, 83, 88-
　89, 92, 157
自己の破壊　23-25, 31-32, 34
資質　19, 119, 129, 139-40, 150, 158
シティズンシップ　48, 157
実践　76, 101-06
実存可能性　4, 7, 10, 35, 50, 54, 57, 60-61,
　63, 150, 156
児童化　37, 41, 46
自閉症　143-44
社会化　45, 131, 139, 157
社会再構成主義　96
自由　iii, xii, 3-4, 6, 8, 10, 14, 21, 34, 63-64,
　66, 86, 93-95, 98, 101, 103, 111, 121, 124-
　26, 128, 130, 157-59
自由としての学習　91, 150, 159
自由になること　95, 98-99, 115
従属　17, 29-30
主体　ii, xi, 3-6, 8-10, 12, 14-19, 21, 27-31,
　53, 61, 63-64, 68-70, 80, 89, 91-92, 95,
　100-05, 113, 116, 120, 125-26, 154, 156-
　59

主体化　45, 157
主体性　12, 15, 20, 69-70, 154, 157, 159
主体性の倫理　68
主体であること　4, 6, 8-9, 12, 15-19, 21-
　22, 28, 32-34, 69, 89-90, 159-60
出生　16-17, 127
受容　50, 52-53, 87, 159
植民地的思考　137
自律　71, 101
新教育　96
信仰　145, 158
新自由主義　125, 149, 162
診断　143
診断的知識　143
進歩　137-38, 318
進歩主義　xii, xiv, 66, 149-51, 155-56
進歩主義教育　96
親密さの推定　143-44
真理　70, 85-86
信頼　129, 141-42, 145-46, 160
成熟　40, 134
成長した仕方　7, 10, 12, 22, 25, 27, 29-30,
　33, 61, 63, 127
成長した主体　7, 10, 34, 128-30
成長した存在　7-8, 12-15, 28, 31, 33
成長したということ　7, 12, 15, 22, 25-27,
　34
推定　143-44
スキル　9, 41-42, 45, 47, 72, 89, 134, 138-
　39
生徒化　37, 41-43, 46
世界の破壊　23-25, 31, 34
説明　108-10, 113, 118, 121, 123
創始　16-18, 21-23
想像力の推定　143-44
疎外　100-01, 103, 106, 115
存在　4-7, 10, 12-19, 21-22, 24-25, 27-31,
　33-34, 37, 49-50, 53, 55, 61, 64, 67, 79-
　80, 89-91, 154
存在様式　24, 52, 128

177

た　行

第一人称の観点　18-20, 22
第三人称の観点　18-20, 22
代替不可能性　20
対話　4-5, 24, 32-33, 81, 102, 128, 158
対話者　79
他者　4-6, 8, 13-14, 17-19, 21-22, 26-27, 32, 77, 79-81, 83, 86, 88, 90, 156, 160
他者性　77
脱神話化　96-98, 117, 147
他なるもの　4-6, 12-13, 22, 26-27, 32, 77
他人　76-79, 81
壇上にいる賢人　1, 3, 88, 147, 155, 161
断絶　21, 24, 86-87
知識　3, 9, 50-51, 94, 98, 105, 108-10, 112-13, 115-21, 125-26, 138, 142-43
知性　111-12, 117, 120, 123, 125, 139, 158
知性の平等　113, 125, 140-41
知的な適応システム　8, 70, 90
中間点　24-25, 31-32, 34, 128
中断　21, 24, 26-29, 31-34, 63, 82, 84, 89-91, 116, 125, 156
超越　68, 84-85, 87-88, 156, 158, 160
超過　131
直線的な時間　135, 138
停止　30-32, 34, 63, 156
天才児　131
伝統的な教授　i, iv, 64-65, 67, 88, 91, 155-56, 159
典礼　78, 80
統制　i-ii, 2-3, 5, 17, 52-54, 88, 91-92, 147
統制としての教育　2, 5
統制としての教授　xii, 3, 67, 89, 91, 150, 157, 159
特別支援教育　143-44
取り込む（取り込み）　54, 56-57, 59-60

な　行

内在性　21, 24, 28, 74-76, 85-86, 90, 160
ないもの　130-32

人間学　67, 73, 76
人間形成　94
人間主義（ヒューマニズム）　69, 154
ネオマルクス主義　8, 96, 100, 105, 147
脳科学　134
能動的な学習者（アクティブ・ラーナー）　139
能力　6, 23, 30, 40, 48, 85, 95, 116, 125, 139-40, 144, 158, 160
望ましいこと　29-30, 32
望まれること　29, 32

は　行

場　9-10, 30, 142, 150
パイデイア　94-95
始まり　16-17, 109
発達　7, 12, 25, 28, 34, 129, 134, 138
バナウソイ　95
反権威主義　158
批判的教育学　8, 93, 96-97, 99, 147, 153, 157-58, 162
平等　112, 114, 119-20, 125-26, 138, 140, 158
開け　74, 79-81, 89
不平等　98, 108-09, 112, 140
武装解除　139
普遍的な教授　107
プラグマティズム　74, 134, 153-54
不和　9, 129, 133, 145-46, 157-58
不和としての教授　9, 129, 133, 138, 146, 159, 157
変化　133-35, 138
変成　134
ポピュリズム　130-31
翻訳　122-24

ま　行

まだないもの　132-33, 140
マニフェスト（「教育へのマニフェスト」）　xiv, 130, 132, 140
マルクス主義　96-97, 99

事項索引

民主主義　47-48, 55, 130, 157-58
無知　93, 98, 107, 109, 114, 116-17, 119, 123, 125, 158
無知な教師　8-9, 94, 106-07, 110-13, 116, 118-19, 122, 126

や　行

唯一性　15, 19-21, 82, 86, 90, 154
抑圧　100-01, 103-06, 115-17
欲望　iii, 4, 6-8, 12, 22, 25-27, 29-33, 78-79, 91, 133, 146
欲求　78, 91

呼びかけ　10, 20, 59, 61, 82, 84, 86

ら　行

理解　67, 77, 86, 90, 108-09, 119, 123, 150
リスク　23, 31, 33, 87, 128, 141-42, 148, 158, 160
了解　48, 52, 54, 58, 63-64, 67-68, 73-74, 81, 150, 156
了解としての学習　49, 58, 123, 128
倫理　54, 68-69, 73, 77-78, 80, 84, 88
ロボット掃除機　8, 70-72, 89-90, 155

179

教えることの再発見

2018 年 8 月 28 日　初　版
2023 年 4 月 20 日　第 3 刷

［検印廃止］

著　者　ガート・ビースタ

監訳者　上野正道

発行所　一般財団法人　東京大学出版会

代表者　吉見俊哉
153-0041 東京都目黒区駒場4-5-29
https://www.utp.or.jp/
電話 03-6407-1069　Fax 03-6407-1991
振替 00160-6-59964

組　版　有限会社プログレス
印刷所　株式会社ヒライ
製本所　牧製本印刷株式会社

©2018 Masamichi Ueno, *et al.*, translators
ISBN 978-4-13-051340-1　Printed in Japan

JCOPY〈出版者著作権管理機構　委託出版物〉
本書の無断複写は著作権法上での例外を除き禁じられています．複写される
場合は，そのつど事前に，出版者著作権管理機構（電話 03-5244-5088,
FAX 03-5244-5089, e-mail: info@jcopy.or.jp）の許諾を得てください．

G.ビースタ著 田中智志 監訳 小玉重夫	学習を超えて 人間的未来へのデモクラティックな教育	A5	3800 円
G.ビースタ著 田中智志 監訳 小玉重夫	教育の美しい危うさ	A5	4200 円
G.ビースタ著 上野正道監訳	教育にこだわるということ	A5	4500 円
上 野 正 道 著	学校の公共性と民主主義 デューイの美的経験論へ	A5	7200 円
上 野 正 道 著	民主主義への教育 学びのシニシズムを超えて	A5	3800 円
齋藤直子他編	〈翻訳〉のさなかにある社会正義	A5	4600 円
佐久間亜紀著	アメリカ教師教育史 教職の女性化と専門職化の相克	A5	10000 円

ここに表示された価格は本体価格です. 御購入の
際には消費税が加算されますので御了承下さい.